童书是童书

给孩子最美的童年阅读

黄迺毓 著

社会科学文献出版社
SOCIAL SCIENCES ACADEMIC PRESS (CHINA)

作者序·从童书营养学到童书食物学

由于接触许多关心幼儿的大人，加上对童书（尤其是图画书）的热爱，不知不觉中成了“童书中介”。我喜欢将好书介绍给人，也享受人家阅读后的分享。在经常被问到的问题中，我发现有许多的重复，因此和李坤珊、王碧华合写了《童书非童书》，将童书对全人类发展的意义分为许多篇章加以陈述。

没想到1994年《童书非童书》出版后，我接到更多的问题，许多人读后明白了原来童书在帮助孩子的各方面发展上能提供那么多的资源和支持，但是市面上童书那么多，到底怎样才能找到合适的童书？可怜的我，记性极差，每当被问起：“我的孩子最近对恐龙很感兴趣，有哪些书里头有恐龙？”“我的小孩一岁半，有什么书适合他看？”“我想跟孩子谈爱护自然，有些什么书可以用？”我苦思无答，深觉引起读者对童书的兴趣又不能满足进一步的求知欲，实在很亏欠。

这些琳琅满目的问题常使我两眼翻白，也常常答应稍后想到再提供信息。虽说虱多不痒，债多不愁，有时答应了又忘记了，心里还是疙瘩，日子久了，加倍地发痒和发愁。于是我又想到一个偷懒的办法：再写一本书，将这些问题一并作答就可以再清闲一段时间。怎奈原班人马中，坤珊已念完博士学位，待在美国专心教养两个孩子，碧华则专职在高中教书，三人虽都分头做些推广童书的事，却很难再找到合适的时间讨论。于是我试着找其他的搭档，但屡试不成，在众人的频频催促下，只好自己先动笔，写着写着，居然完成了这份艰难的作业。

写作过程中最先面临的最大挑战是如何为童书分类。传统上，儿童文学的分类是以图书馆的分类方式分为神话、童话、寓言、童诗等等，但是以目前所普遍流行的图画书来说，这样的分类对一般使用图画书的人不太实用，如果能做出一份导览及索引，帮助读者在找童书时，有些头绪，能对童书内容的丰富性及多样性有初步的认识，或许可以减少摸索的挫折感。

《童书非童书》像是“童书营养学”，谈的是阅读图画书对大人和小孩以及亲子关系的帮助，例如图画书对生理、社会、认知、情绪、语言、品格等方面的发展有何重要性。而《童书是童书》则像是“童书食物学”，谈的是这些营养成分在哪些图画书里可以找得到。能在心中有“童书营养学”和“童书食物学”，是否会比较清楚自己吃了些什么，还需要吃些什么，而达到“健康阅读”的目的呢?

光是分类，大概花了两年才理出头绪。虽还不周延，但是根据一般童书消费者的需要，分了几个大项目。接着发现有些项目下的中文童书很少，甚至还没有，曾考虑顺便介绍外文书，幸好悬崖勒马，否则大概还要多花四年。在书源不均衡的限制下，只好尽量按现有的童书分类。市面流行的图画书有数千本，有些在书店看不到，只有通过直销才买得到，因此无法将所有的图画书都搜尽，相信读者在使用本书时，也会继续在各类别中添加自己的数据。

读者有诠释这本书的权利，但是作者我还是忍不住要叮咛几点：

一、分类不是绝对的，例如《青蛙与蟾蜍》写的是这两个好朋友的故事，因此对在学习交朋友的孩子会有启示，然而它也是适合培养幽默感的好故事。

二、可以根据孩子此时的兴趣和需要去挑选书，例如他最近喜欢画图，你不妨提供几本有关画图的童书，可以跟他的兴趣相辅相成。又如孩子开始换牙时，可以预备牙齿保健的书，让他有更充足的心理准备。

三、如果你找来的书他没兴趣，也不需太勉强，切记：强加于人，好事变坏。有的孩子自主性强，不喜欢别人指定的书，放一阵子，说不定时候到了，他就会自己翻看了。

四、不是所有的书都要买尽。尤其如果是太昂贵的书，或是数十本一整套的书，可以去图书馆借，或者幼儿园买一套，大家轮流看。

因着我自己能力的不足、记性差、工作忙，四年中拖累了几位好人：黄郁瑛和卢淑贞都为了建立童书档案而花费不少精神和时间，爱徒林学君和洪慧芬在做硕士论文的同时也整理了一些数据。好友陈慈心更执笔写了其中几段，高足陈斐如和郭恩惠也贡献佳作。还有许多好友在我走投无路时，经常接到我的紧急求救电话："唉，你记不记得哪本书是关于……""你上次借给我的那本书是哪家出版社的？""你有没有……借看一下好吗？"这些"救火英雄"包括温碧珠、郑荣珍、吴娉婷、余治莹等。

虽说众志成城，但是越写越发现实际的困难实在太多，书稿被搁下许多次，直到1997年回到母校南伊大进修，旁听了儿童文学课，得到许多启示，老师路易丝·斯登预备的丰富教材，使我能从不同角度去检验童书，她提供给我许多宝贵的数据和意见。知己柯倩华有至少半年的时间与我日夜切磋，相互激荡。因着他们的爱，我得以勉力完成这项任务。

该感谢的人太多了，除了前述的“智囊团”，我们要谢谢这些年投资出版好看的图画书的出版社老板们和有眼光的专业编辑们，也要谢谢历年来参与儿童文学课程和从事研究的老师学生们，更要谢谢宇宙光出版社的所有同仁，愿意在儿童工作的需要上看到自己的责任，尤其是宋佩和张莲娣在编辑工作上的辛劳。愿上帝加倍地祝福你们。

黄迺毓

目 录

第一篇

消费篇

如何培养童书的鉴赏力和品位？

在美国念书的那些年，没什么机会烧中国菜，回台湾后几乎从头学起。那时我上菜市场，经常是眼慌张、心茫然，听着菜贩、肉贩热诚地招呼顾客，看着人们胸有成竹地在挑选生鲜鱼肉果菜，只有我提着空空的菜篮，来回走了几趟，还不知该买什么。

有时去朋友家吃饭，非常羡慕人家能做出满桌丰盛的菜肴，也渐渐回想起中国菜的味道。那时我很喜欢跟邻居一起去买菜。他买虾，我就买虾，单纯地以为这样就可以做出他家餐桌上那么好吃的虾。当然，事实证明，买菜只是做菜的第一步，就算我有跟他完全一样的材料，我们也会烧出不同口味的菜色。

目前童书的消费者有许多种，其中一种是“调理好手”，对童书的色香味调配相当得心应手。这种人还不太多，他们对自己的口味很清楚，合乎他们口味的童书，用不着别人推销，自己就会买，而且还会多买一些送人，义务推广。另外一种极端的童书消费者则是对童书毫无概念，完全靠推销人员的介绍，或是以价钱为唯一挑选标准，买了以后也不知道自己买到了什么。

大多数购买者是介于这两个极端之间，需要

别人提供一些信息，却不希望完全被限制。童书这几年来的蓬勃发展使我们有丰衣足食的感觉。对于童书爱好者，每多出版一些童书，就是多了一些选择的机会，在“好”与“更好”与“最好”之间选择，也在“不必买”与“可以买”与“必须买”之间选择，当然也在对与错的选择之中得到欣喜和后悔。

对于刚开始接触童书的人来说，书海茫茫，如何钓到自己想要的书呢？每家出版社都说自己的书最好，非买不可，真令人无所适从，于是市面上出现了两种“菜单”，一种是由出版社根据他们自己出版的童书分门别类地列出，有的按内容性质，有的则按阅读者（孩子）的年龄。这一类的读书计划虽然也会提供一些客观的选书原则，但因目的在于促销，即使明知不是那么理想，也会全力推荐，读者往往不易判断其良莠。

另一种菜单则是由专家为父母推荐好书，以其专业角度去鉴赏童书，就像营养专家分析一道菜的营养成分一样，使你从吃食物的境界走入吃“蛋白质、糖类、纤维、维生素、矿物质等”的境界。你可能会比较有知识，却不一定比较有胃口。这一类的书在美国出版了不少，大部分的作者不只教读者“看什么”，还会清楚地指出“怎么看”，而且推荐的书比较不受出版社的限制，虽然作者本身难免有主观色彩，但整体而言还不至于太独断。

孩子需要看不同内容性质的书，如科学类、心理成长类、健康类、语文类、童话类等，每一类的童书都能满足孩子不同的发展需求。孩子在不同年龄需要看不同的书，如婴幼儿适合看玩具书，稍大的孩子喜欢有韵律、可朗读的书；再大点的孩子可欣赏情节较复杂的故事。有时孩子不喜欢某些书，可能不是书的问题，而是年龄不适合。

初学做菜的人会将食谱视为至宝，但如果每次做菜都捧着食谱，就会停留在“葱三根、姜两片、盐一小匙、酒五大匙”的无趣状态。真正喜欢做菜的人在使用过食谱后，往往会根据自己的偏好去调整，而做出合乎自己口味的佳肴，这就是“风格”。所以在参考别人配的童书后，最好能培养自己的品位，才能真正享受童书。

孩子真的需要看书吗？

书是人类的精神食粮，但是实际生活中，人们仍不太能把看书和吃饭当做同等分量的活动。食物是人类存活的基本需求，不吃“物质食粮”，会饿得眼冒金星，手脚发软，即使淡泊如颜回者，也需要“一箪食，一瓢饮”才能“不改其乐”，何况我们这些“以食为天”的普通人呢？

看书就没那么严重了，虽说“一日不看书，面目可憎，语言无味”，但是周围不乏不看书的人，见多了就习惯了，也顺眼了。就算碍眼吧，别忘了，“衣食足而后知荣辱”，不给孩子饭吃是犯法的，不给孩子书看则没有人可以告你。

因此，父母为孩子买书总比为孩子买吃的需要加把劲，父母容易在一念之间就摇头，或是会有“等到你生日（或过年、圣诞节、暑假等）才给你买书”的观念。

这或许也是童书的推销员会用一些“非常手段”来推销童书，将童书加上一些附加价值的原因，例如：“市长家里也买了一套。”让你觉得买了这套童书就可与市长称兄道弟了，很有面子。又如：“这套书是很多专家推荐的。”使你以为买了这套书自己也可以变成专家，很有安全感。

也许手段有点夸大，但是不来这一招，书就不好卖，即使是好童书，也得要顾客买了、看了，才会得益处啊！所以出版社用什么方式来卖书，那是各自的策略，但是作为童书的消费者，我们要先肯定看书是生活中极重要的一部分，也是很享受、很快乐的事，不要太顾虑“看了能如何，不看会如何”。

到书店时，别忘了顺便绕到童书部门浏览一下，有推销员上门，不妨听听他们怎么说，有邮购简介寄来，也不妨看看，在经济能力许可的情况下，为孩子挑选购买一些童书。

当然，饭还是要吃的！

如何在书展中找到合适的童书？

如果你希望对童书有个比较全面的认识，书展是个很好的机会。

大部分书展通常有童书区，除了展览童书以外，各出版社也备有精美的简介或划拨单，或是业务人员的名片，你可以在现场翻阅展出的图书，喜欢的话，取一份目录或数据，回家后可以订购，好处是：你不会因一时冲动而买了不想买的书。如果你觉得这些书不适合你的口味或不符合孩子的需要，就不要随便拿一大堆目录回家扔掉，形成资源浪费，而且万一抓了太多童书目录，回家后搞糊涂了，忘了哪些是你真正有兴趣的，哪些是随手取的，那可就伤脑筋了。

逛书展是一件令人兴奋的事，但有几件注意事项：

一、要吃饱睡足了才去逛。书展会场不适合吃喝，出版商可不欢迎你边吃边看。会场上也没什么休息站，若没睡好大概只能到洗手间去打瞌睡。

二、若时间许可，分两三次去，可以看仔细些。书那么多，如果太匆促，难免会忽略一些真正的好书，而只注意到特别鲜艳夺目的书，若只是走马观花，则不要冲动而买书。

三、不必带太多钱。现场交易不多，钱带多了难免制造雅贼，诱人犯罪，于心何忍。反正你看上的书，事后都可以买得到，少带钱，较能安心专心翻阅书。

四、穿双舒适的鞋，穿合适的衣服。书展是邂逅爱书人的地方，不宜太邋遢，以免错过好机缘，但是穿得太正经就要考虑了。鞋子要合脚舒适，因为你会不知不觉走很多路。衣服若穿太少，只好走来走去以避寒，还看什么书啊？若穿太多，脱了拿在手上，也挺不方便看书的，说不定还拿丢了。

五、背个轻便的提包，让两只手能空出来。提包的用处是：你可以装目录数据，必要时塞件薄外套，万一会场太冷或太暖，你可以或穿或脱。

好啦！如果你去书展会场，看到一些精神抖擞、悠哉游哉、穿着舒适、背个提袋的同好，你就知道遇到内行人啦！

如何看待得奖的书？

早在1938年美国就有凯迪克奖（Caldcott Medal）专门颁发给当年最佳图画书。伦道夫·凯迪克（Randolph Caldcott，1846–1886）是19世纪一位英国籍插画家。这个奖1年只发1个金牌，2～3个银牌，所以得了奖真是殊荣，在封面上会贴一张贴纸，好像佩戴勋章一样。

另外还有一项大奖是纽伯瑞奖（Newberry Medal），自1943年开始颁发，是纪念18世纪一位英国的书商约翰·纽伯瑞的，由当年最佳的少年小说作品获得。

当然还有各式的奖，通常书上都会注明，绝不遗漏，随手捻来就有：意大利波隆那儿童图书奖、波隆那儿童书展儿童票选最佳图画书、美国波士顿环球号角图画书奖、美国《纽约时报》最佳儿童图画书奖、欧洲儿童文学奖、入选日本学校图书馆协议会优良读物、美国图画书大奖、英国史玛特斯大奖、美国读书人协会儿童最佳选书、英国钻石大奖、莱比锡国际图画书设计展金牌奖、丹麦文化部儿童图书奖、布拉迪斯国际插画双年展、德国电视台读者最佳选书、德国绘本大奖、日内瓦皮亚杰国际儿童书大奖、MCSS社会科学类最佳销售童书、研究未来贡献奖、布鲁塞尔青少年文学奖、尼斯金鹰奖、法兰克包姆纪念奖、美国米瑞德最佳外国童书奖、瑞士文学奖、联合国儿童救援基金会年度最佳插画家奖、布莱梅电台与杂志青少年文学奖、奥地利青少年读物奖、美国校园杂志年度最佳书籍、美国出版人书报年度最佳书籍、艾米克特奖、荷兰每月羽毛奖、荷兰温布旗大奖、荷兰银笔奖、教师推荐书奖、英国童书公会童书奖。

光是研究国际上这么众多的奖项，大概足以写一篇博士论文。

而台湾地区近年来也开始有一些奖项，鼓励童书的创作和出版。例如信谊基金会每年举办“幼儿文学奖”，鼓励本土作家和画家从事创作，经初审和复审，选出图画书和文字两类，首奖和佳作数名，得奖者除了得到奖金和奖牌，作品还可由主办单位出版。

此外，台湾《“国”语日报》社也办“牧笛奖”鼓励创作者，隔年举办，分为童话和图画故事两类。前者以适合8～12岁的儿童阅读为主，后者以学龄前幼儿至小学3年级阅读为主。

台湾每年就当年出版的青少年和儿童读物请学者专家来帮家长过滤，筛除一些在内容、印刷上较不理想的书，选出“优良青少年儿童读物”，并在全省各地展出，供家长和老师参考。

评审委员在优良读物中选出最佳的，颁予“小太阳奖”，分为两种，一为出版奖，分为图书故事类、科学类、人文类、文学语文类、丛书工具类、漫画类、杂志类等7个奖项；另一为个人奖，包括最佳文字创作、最佳编辑、最佳插图及最佳美术设计。

如果你已买过一些童书，可能已经注意到一些“佩戴勋章”的童书，也就是曾经得过奖的童书。其实好书就是好书，有没有得过奖它仍是好书，但是得奖对出版社及作者是鼓励，对消费者而言也颇有参考价值。

报纸上推荐的书一定是好书吗?

各大报纸都有一些篇幅偶尔介绍童书，有的定期，有的不定期，有的记者或编辑本身对童书就很关心，较内行，有些则本身缺乏判断能力，没有取舍标准，所以“尽信报纸，不如参考报纸”。

有的报社让各出版社将新出版的书寄去，由编辑看了觉得还不错的书，就请专家写书评，通常书评都很厚道，不太有严厉的批评，所以读起来比较像推荐文章。

也有报社真正举办好书的评审，将每一段时期（每三个月或每年）出版的童书都搜集在一处，聘请几个人一起来讨论、挑选，各人就不同观点提供意见，有的从文学、教育、儿童心理、家庭教育或其他专业领域，选出“模范生”。这种团队工作也许比较客观，但也会有遗珠之憾。例如有的书非常符合孩子的心理成长需求，但文学性不高；有的书印刷十分精美，却不见得有启发性。这些书只好当“功课不错但分数不高”的陪榜生了。

还有一些不错的书也是从不上榜，因为它们从不参赛。通常这种书是靠直销系统销售，有没有被选为好书不太影响其销路。万一被选上了，他们反而头痛，因为这些书大多是套书，不单卖，消费者买不到或买不起还会抱怨，索性自己搓自己的圆仔汤，反正也不犯法。

也有的评选单位不管出版社是否自愿参加，

只要搜集到的童书都有当然的候选资格，而且要经过初选、复选，以求公正。

例如，台湾《“中国”时报》开卷版每年年底会就当年出版的青少年图书及童书做个评审，邀请各界专家组成评审小组，分三阶段评审，第一阶段（一周好书榜）由童书书评小组每两周评选一次。第二阶段采取分类评选，分绘本、故事、知识三类。第三阶段则采取分龄评选，分为最佳青少年图书（适合初、高中，12~18岁）以及最佳童书（适合一般儿童，2~12岁）。

评选时以启发性、创意、图文俱佳为理想，也考虑对出版界是否具有“指标性”，选出当年最具代表性、最值得推荐的童书。《“中国”时报》为年度最佳童书还特别设计了好书贴纸，赠送给获奖的图书贴在封面上，作为向读者推荐的品牌保证。

《联合报》的“读书人”版也有“每周新书金榜”，并会在每年选出“年度十大最佳童书”，颁发奖牌。

《民生报》和台湾《“国”语日报》则每三个月有“好书大家读”的推荐。

不管好书是如何选出来的，亲爱的读者朋友，别忘了你也是评审之一，倘若被推荐的好书中有你很不喜欢的书，不必怀疑自己的品位，看看别人的推荐文章怎么说，比较一下，如果你还是相信自己的眼光，那就坦荡荡地继续不喜欢吧！当然，如果评审推荐的书你也喜欢的话，那也很好，君子所见略同嘛！

买书还是买赠品？

你曾经为了喜欢一件赠品，而去买一个东西吗？

你曾经因为赠品还不错，而原谅“正品”的不怎么样吗？

这方面我可是老手了。前阵子我因天气临时变凉而去买了一件490元的薄夹克。付账时发现购买满1000元送篮球一个，我忍不住又买了两件套头棉衣，总算购满千元，抱着“赚来”的篮球凯旋。赠品的确有它令人身不由己的吸引力，选对赠品实在是营销上的一大利器。

买童书送赠品也是蛮普遍的。有的买大套书送书架、买小套书送书盒，买故事书送音乐带，买图画书送相框，买20本小孩书送一本大人书，买故事录像带送玩偶，有买有送，多买多送。唉，真是叫人难以抗拒！

我实在没什么资格劝你对赠品不屑一顾，

唯一的忠言就是：除非你真的想买这些促销的童书，有赠品是锦上添花，否则买了后悔，每次看到赠品心里也不舒服嘛！

如果买了之后发现赠品质地很差，一定要向出版社表达你的不满，不要以为赠品反正是不要钱的，货色差也情有可原。送礼和受礼都是一番诚意，消费者的诚意可不该被糟蹋。

说来说去，我还是对赠品情有独钟，你呢？

精装书与平装书的对谈

精装书与平装书的一段对话被我不小心听到了，记下来与大家分享。

精：各位好，我是大家所熟悉的精装童书，你一定认得我，因为我的书皮永远都是又硬又挺，很体面，一本平凡的书一旦成为精装，就身价不凡耶！

平：大家好，我是平装童书，大家比较少看到我，因为许多大人以为我看起来经不起小孩子的蹂躏，所以出版社也就偏爱出版那种看起来较有分量的精装书。

精：哎！你别说我坏话，精者精美也，我

的好处可多着呢！我皮厚，可以保护书页，使书经久耐看，而且手中抱着我，如果被别的孩子欺负，还可以拿我当武器，用力一挥，保证对方痛得哇哇叫，以后再也不敢惹你。

平：我承认这一点我是比不上你厉害，以一本《雪人》来说，我才重155克，你却有400克重，我的杀伤力是差你太多了。

精：拜托，你别夸张了，孩子反正一次也拿不动这么重的书，通常只拿一本，应该差不了多少吧！

平：我就知道你会这么说，不信你再看看，这本《最奇妙的蛋》，单本重115克，加上厚皮就成了225克，对小一点的孩子也是蛮大的负担，何况幼儿拿书有时手指控制还不太好，抓起其中一页，其他的书页很容易被扯破，还会挨骂，有碍亲子感情，我看你真该减肥了！

精：不要把我说得这么可恶嘛！如果精装书如你所说那么不好，当初为什么会有精装书呢？

平：早年的精装书是给图书馆用的，因为图书馆的书借阅的人多，而且书籍要编目上架，没有一点厚度就不容易找书。据说外国的出版商通常第一版出精装书，卖完精装书，把成本赚回来后，就会大量印平装书，让一般人都可以买回家享受。

精：可是，可是，我可以卖比较高的价钱，

有助于童书出版业的蓬勃发展啊！以美国来讲，同一本书平装只卖5.95美元，精装书却可以卖到15.95美元，真有赚头啊！

平：我当然也希望出版商大发利市，我们童书才会有更光明的前途，但是价钱太高，永远只是小众文化，好的童书不能普及，最后受害的还是童书出版业自己嘛！

精：听起来蛮有道理的，可是一旦大量出版平装书，会不会大家都抢着去一睹你的风采，我的命运就惨啦！

平：不会的啦！哎呀！我们是生命共同体，最理想的是“该平就平，该精就精”，让需要精装的人可以买到精装书，而喜欢平装书的人也有的选择，那时台湾就真的是童书的天堂了！

精：没想到你是“书如其名”，平实亲切，平易近人，我要多向你学习。

平：好说，好说，只要给我一点生存空间，我就感激不尽了，别忘了向你的出版商美言几句啊！

精：那当然，一定，一定。

有机会出去旅游，如何买童书？

旅游是件很开心的事，但是经常有人为了

买什么礼物分送亲友而烦恼。台湾吃的穿的都不缺，千里迢迢买些用不上的礼物，送礼者心虚，收礼者为难，反而没意思，其实童书对一般的家庭是很受用的礼物。

在美国，大部分购物中心（Mall，Shopping Center）里都有书店，而通常在书店的内角就有童书部，书本不一定齐全，但也够爱书的人买个痛快了。此外有些大型的书店更不会缺少最精美的图画书，且有受过专业训练的店员为你服务。如果你事先有腹案想买某些书，他们都会乐意帮你找，如果你只是先浏览，随意挑书，他们也不会来干扰你。

甚至连超级市场也会有书架摆放童书，常会看到父母把小孩放在购物推车上，拿本便宜又通俗的童书给他看。孩子有书看就不会吵着买东买西，让父母能安心买菜。

有些市郊有批发中心（Outlet Center，如Book Warehouse），里面的书店卖的童书大都是一般书店清出来的打折书，除了书较廉价，有时还可以买到普通书店买不到的书。我最喜欢去那样的书店碰运气，漫无目的地浏览，常有出乎意料的丰收。

如果你有亲友在国外，也可请他们替你留意，一般书店到了夏末或“三不五时”会有大减价，有时也可以买到很不错的便宜书。

在国外买书，如果嫌书太重，不想提，可以寄回来，那时你就更能体会平装书的好处了。

如何建立家庭图书馆?

买个豪华的书柜，里面却没几本好书，就像花5000块钱买个皮包，里面只放50块钱，有点本末倒置。所以要拥有一个家庭图书馆，就得先想想：书哪里来？

假如你有很多钱，一口气买几套大部头的书，书架或书柜一下就摆满了，场面就撑起来了。可惜的是这样真是减少了shopping的乐趣。买书不妨细水长流，涓滴成河，就像收集火柴盒、邮票或古董一样。一次买一大堆，只像批发商，不是收集者。

要怎么开始收集童书呢？首先，你要知道一些讯息，例如注意报章杂志的介绍、邮购目录等。不一定看到马上买，但有了这些资料，要买时就不至于脑中一片空白。其次，有机会去书店时，也逛逛童书部门，如果带着孩子去，不妨跟他一起挑选，去一趟买一两本，等于是鼓励孩子爱逛书店。

还有，利用出外游玩的机会，例如和孩子去自然科学博物馆，里面也有书店，买一本作为纪念，孩子每次看这本书都会想起父母曾带他去过博物馆。

你也可以利用各种节庆及特别场合，如生日、圣诞节、春节、元宵节、儿童节、母亲节、父亲节，甚至邮政节买本有关邮差或写信的童书，警察节买本有关警察的童书，慢慢地你会发现你们搜集的童书内容非常丰富，你们全家人的生活也就跟着丰富起来。

人也难免会有一些特别喜爱的题材，例如小瑛喜欢小熊，凡是以小熊为主角的书她都喜欢，说不定她将来就是小熊童书收藏家。很多男孩喜欢恐龙、汽车、飞机等，他们不但看书，脑中这方面的知识也颇为惊人，小小年纪已很有研究精神。他们比较这本书和那本书的三角龙是否一样，也许从大人的眼光来看，内容太多相似或重复，但是孩子是恐龙专家，他不嫌多。

你也可以鼓励大一点的孩子挪一部分零用钱或压岁钱，你再提供相对基金，共同为家庭图书馆做贡献。不是为了要他出钱，而是在付出的同时，孩子会更感受到他自己有份功劳。切记手段不要太狠，如果孩子的买书负担超出他的经济能力，反而使他有被剥削压榨的感觉，买书就不是甘心乐意的事了，所以要孩子出钱只要意思到了即可。

几年后孩子长大，这个家庭图书馆就是你们家最珍贵的传家宝了。岁月走过，点滴辛酸与甜蜜，都还流淌在书页之间。多少的回忆，多少的期盼，童书都为你做了最美的记录。

送书有禁忌吗？

每年过农历年，中国人讨吉利的习俗就充分发挥了。鱼是年年有余，发菜是发财，年糕是年年高升，枣子是早生贵子，自哄哄人，大家乐成一团。或许因为有这样的习俗，一般守旧的人不送人家时钟，怕碰上“送终”的禁忌，只是不知说成“送clock”可以不可以？

而送书就在这种心理发毛的情况下，无法成为普遍的风气。尤其年节中有些家庭亲友相聚，打点小牌，联络感情，若有人不识相地送书，好像在诅咒人家“输”牌一样。

我常在一些幼儿园的毕业典礼上，看到有朋友送花道贺，诚意固然可嘉，但是我会在心里惋惜，送这花篮的钱如果拿来买书送，该有多好！（这样讲好像有点对不起花店？）

朋友结婚，你送他童书，意思应该是和早生贵子一样的吧？朋友生小孩，你送童书，也够表达“祝宝宝聪明快乐”的心意吧？

也许不是所有的场合都适合送书，但是你在送礼时，别忘了把童书列为考虑之一。以书会友应是雅事，足可显示交情不凡，Why not?

需要买或看外文图画书吗？

有一回我们几个大人一起翻阅一本日文的图画书，有人抓着其中的几个汉字，试着猜内容。有人正好认得几个日文平假名和片假名，又试着拼音，把一本童书念得不亦乐乎。

又有一回我们翻到一本俄文童书，这回可没的猜了，都是一些陌生的符号。文字对我们来说只是图画的一部分，而且是读不懂的那部分，我们看图说故事，也是一番乐趣。

前者有点像大班以上的小朋友在看童书，后者则像小班的小朋友的阅读经验。如果有机会在某些书店看到外文的图画书，图画你很喜欢，看起来好像挺有趣，想买就买吧！虽然不一定完全看得懂，但是跟孩子一般的阅读程度（如俄文、希腊文等），半猜半玩地共赏一本书，不也是一种有意思的经验吗?

使用外文图画书，最好不要强迫孩子去认或去念，像在上课一样。如果孩子偶尔认出几个字母或单词，可以微笑嘉勉他，毕竟能借着童书让孩子对一种外文产生亲切感，也是一件值得成全的美事。

如何判断图和文配合得好不好?

图画书是图文并重，幼儿一开始阅读就是读图，所以图和文如果配合得不好，孩子会十分困惑，例如一个有点悲伤的故事《再见，斑斑》，如果配上活泼亮丽的图画，就会使孩子弄不清楚故事要表达的是什么，甚至产生误解或错觉。

我们可以不必是专家，但是有个方法任何人都可以试试看：拿起图画书先不要读字，让眼睛在画中浏览一下，然后以看图说故事的方式猜猜故事内容，接着再看文字部分。如果原文和你猜的意思相差太远，那图画的表达方式可能就有问题，相差越少的就表示图画有足够的说明性，应该可以放心。

当然，光是这样粗略的判断是不太够的，在平时阅读好的童书时，多注意、多欣赏其中的图画，一本好的图画书其实就是一本画册，是艺术品耶！

童书也需要“使用说明书”吗？

使用说明书是现代人经常会用到的东西，电器类商品的使用说明书比较详细，除了介绍该电器的装置结构、操作方式和步骤、功能、电源、维护保养方法，及使用时须注意的警告事项，有时还顺便宣传该公司的其他产品。较为单纯的商品如洗发精，也多在瓶罐上说明成分和使用方法，表示对消费者负责。

书这种“商品”到底需不需要使用说明书？书不是翻开就可以看了吗？读者对书的诠释和理解不是该自己负责吗？是的，但是童书是比较特殊的一类，通常买童书的是大人，而看书时也经常是大人小孩一起看。孩子看书时除了听，也会问些问题，大人事先对童书多一些了解，才能充分享受共读的乐趣。偏偏这一代的大人大多数不是“喝图画书的奶水长大的”，如今面对这么多五花八门的图画书，还真不知道妙在哪里。他们有时拿书来教训孩子，有时要孩子自己看，有些道貌岸然的大人真是怕死童书了。

有些出版社体贴这些“补过童年”的大人，在卖书的同时，附赠导读手册。每个出版社的导读都各有特色，有的像语文课本，强调该书的意义和欲传达的信息，有的会介绍作者和画者，告诉你这些人为什么和如何创作出这本书，有的则以延伸活动为主，告诉你看过书后可以和孩子玩些什么“游戏”。

套书的导读多以手册为主，但是童书和文章是分开的，有点不方便。近来有些出版社则以单本的销售为主，例如《逃家小兔》，导读就附在书后，简单介绍作者、画者和译者，也提纲挈领地点出该书的精神，对家长应该很有帮助。

外文的童书则在版权页记录一段短短的摘要（summary），你买书时如果时间仓促，可以看一下摘要，以决定买或不买。

当然，不管买了什么商品，有人就是不爱看说明书，宁可自己摸索尝试。人各有志，本来各人的学习方式就有差异。你也可以自己写写导读，隔一段时间再看看，你会发现自己的体会竟然有些不同呢！这就是童书最迷人的地方。

第二篇 婴幼儿篇

怀孕时可为宝宝做些什么准备？

当一对夫妻准备要迎接新生儿来跟他们一起过日子时，内心往往充满了欣喜、期盼、兴奋，还有一些焦虑。一个新生命的到来即将使这个家庭的生活产生很大的变化，手忙脚乱自是不在话下，很多父母都变得很好学，亲友们往往也会帮忙打理吃的、穿的、玩的、用的，家里成了一个迷你的婴儿用品店。

美中不足的是，很少人会在这时未雨绸缪地为小宝宝准备一点可以听、可以读的东西，总觉得那是不必此时放在心上的，等宝宝大一点再买就行了。话是没错，然而大部分父母在宝宝刚出生那段时间，为了适应新的作息，已是精疲力尽，睡眠不足是司空见惯的事，等到稍微习惯了小家伙的习性，也差不多该是回去上班的时候了。就算不上班，也常因宝宝还小，不宜外出，总会在家"潜伏"一段时期，可能不太有闲情去为宝宝选购一些精神食粮。

其实婴儿刚出生时，各种感官尚未能正常运作，可是这个时候，如果你手边有材料，就可随时念些优美的诗谣给他听，或以颜色明朗、单纯不复杂的图画书，提供给他视觉的刺激。但是要记得不可疲劳轰炸，最好是在双方都兴致好的时候做，不要有“尽义务”的态度，要有“享权利”的心情。

爸爸的声音也是宝宝喜欢的，你跟宝宝讲话，念念诗谣给他听，不管内容是什么，他感受到的都是爸爸在告诉他：“我爱你”“有你真好”“我是个骄傲的父亲”。

如果你觉得陌生、不习惯，不妨让录音带帮帮你。你先听几遍（开车时可听，搭公交车也可以带随身听），有的歌谣就可以朗朗上口了。而且你可以放120万个心，你的宝宝一定不会笑你念或唱得不好，因为在他眼中，你跟他一样，也是独特的，是上帝特别为他预备的。

市面上童谣录音带和CD不难找，但是要注意质量，因为买到劣质的有声书，会影响孩子对声音的欣赏品位，以为走调的才是正音，以后要纠正就辛苦了。有些有声书配合厚纸板书，小宝宝可以边听边玩书，也蛮享受的。例如《幼幼童谣》有三本——《小青蛙》《噜啦啦》《伊比丫丫》，每一本书封面里就有一片迷你CD。除了有唱有念，还有音乐让孩子当卡拉OK玩，挺享受的呢！

什么是宝宝最现成的“书”？

当你在为宝宝张罗童书时，别忘了就地取材。有一种书是不用花钱，也不必特别制作的，那就是“大手拉小手”，随时随地可玩，甚至光线昏暗也无碍。你的大手和他的小手就是最现成的立体书。你可以边念手指谣，边拍拍他的小手，摸摸他的小指头，让他脑海中存入这些歌谣时，是和自己的身体相联结的。

如果你需要看书找灵感，有些手指游戏的书会很有帮助，例如《亲子游戏动动儿歌》（共有三本——《啄木鸟》《小白鹅》《猴子跳》）以及《宝贝手指谣123》，分别强调双手协调、手指灵巧以及手部的细腻动作。这些书都鼓励大人一边朗诵，一边做手部律动。书上都有步骤图，详细解说动作，通常用来做手指谣的儿歌也都浅白而有节奏感，容易上口。

四个月左右的婴儿，对周围声音的变化产生极高的兴趣，介绍动物的书相当适合他。其实宝宝对“非我族类”的声音不但不排斥，还会感兴趣，因此，为他念书时，你可以配合着各种动物的叫声，提高其兴致。

这不是表演口技，所以不必担心学得不像，宝宝只要听到猪叫，就很开心了，不会计较那是公猪叫，母猪叫，还是小猪叫。学狗叫也不难，但是不要弄得太复杂，一会儿狼狗，一会儿土狗，一会儿约克夏犬，反而把宝宝搞糊涂了。

十个月以后，婴儿已有相当多的反应，他可随着你翻动书本，而以各种动作或声音表达出他对此书的了解，这可是他初步的阅读表现呢！

在这一年中，宝宝的成长相当快，变化相当多，只有父母最清楚他目前的情况，所以父母心中的书是这段时间最好的选择。君君十个月大时，爸爸为她洗脸总是念着："眼睛、鼻子、小嘴巴，额头、脸颊、到下巴，耳朵里外挖一挖，前颈、后颈都要擦。"每次她一听到爸爸开始念时，就张开小嘴笑得好开心，等着爸爸用那柔细的纱布擦拭她的小脸，并轻轻拍拍她的嘴唇。所以，父母若能注意着宝宝成长中的变化，随时给予适合他的引导，不见得非要一本本的书或一张张的图卡。从你口中流露出的美词佳句，是奠定他与童书建立良好关系的桥梁。

让宝宝接触书，会揠苗助长吗？

在婴儿时期让宝宝接触书，目的不是要训练他，把他当工具来操弄，而是希望让童书很自然地成为他生活的一部分。

婴儿时期，翻身、坐、爬、站、走，每一个新动作的达成，对他而言，视野及能力范围都是再一次的扩张。在这些关键时刻，你可预先做好准备，在他能力所及的范围，放置适合他的“书”，不会伤到他，也不用担心被他破坏。免得他老是听到周围的人告诉他：“不可以咬书”“不可以撕书”“不可以爬书架”，总之，在他小小的脑袋中，“书”就和“不可以”相连了！

这样的“软件”一旦装设（install）在孩子心里，以后要输入（key in）童书就比较不容易了。他得花点力气改写程序，增加莫须有的挫折感。

其实如果我们把书停留在方方正正的印象里，那么童书与刚出生的婴儿应该是扯不上关系的。但你若将书的元素取出，倒是有些活动，可以在这段时间进行，得以扩展婴儿将来接受童书的宽广度。

通常我们想到的“书”是具体的物品，用纸张做的，印有文字或图画或其他符号。但有时“书”也可以应读者需要，化身成其他形状，有书的功能，却无书的道貌岸然。这类的书让宝宝看，绝不会揠苗助长！

宝宝看书和实际生活有关吗？

欣欣从小很喜欢看《给姑妈笑一个》这本童书和录像带，百看不厌。有一天她忽然恍然大悟，兴奋地对疼爱她的二姑说：“二姑，二姑，原来你就是姑妈啦！”

可能有些大人不太能理解欣欣将故事书中的“姑妈”和生活中的“二姑”联系起来有什么特别的意义。事实上意义可大着呢！当一个孩子开始让书进入生活，而生活也走入书中，这就是阅读的一大进步。虽然她还不识字，但她已经能将她感兴趣的人、事、物和童书做联结。这种过程是很有趣且很有价值的，有些识字的人可能一辈子都没有过这种“内行”的经验呢！

有时大人会纳闷：为什么孩子老是挑米老鼠、唐老鸭、白雪公主等等的图画书呢？原因之一可能就是平常看到这些角色的机会很多，孩子觉得他们是生活中的一部分，这种熟悉感让他们觉得他们“认识”这些角色，就会多有垂青。

有一点要注意的是，市面上的童书有时只是借用孩子所熟悉的卡通人物或玩偶，不一定有内容。如果孩子看的都是这一类的书，是不是会影响他对其他有更高文学或艺术价值的童书的摄取呢？

《给姑妈笑一个》

戴安娜·帕特森／文、图

一岁的宝宝可以看什么书？

一周岁的婴儿和刚出生时是截然不同的。他已经想靠着自己的能力，到自己耳目所及之处。在他以小眼环顾四周时，很多事物对他而言都是新鲜有趣的；任何一个声音的出现，都会吸引他。他不再像几个月前那样有看得到而摸不到的无奈，不少目的地是他可自行到达的。家中有这个年纪的小娃儿，父母都得随时在旁，因为实在搞不清楚他下一个目标会是什么。

在这段年纪中，生理与心理的发展都十分迅速，他经历着各方面的成长，随时要做内在与外在的各项调适。在这调适的过程中，其身心经常处于不平衡的状态，所以有人形容这年纪俨然是“小青春期”。他的脾气就像狂风暴雨，很容易暴发。“不要”和“我的”是他的口头禅。父母不能因这年纪的特质就顺其尽情发挥，更应基于了解此特质而给予积极的引导。此时期若引导得当，将会奠定其健康人格之基石。童书在这项工作中，是你很好的帮手。例如，《我想变成……》包括四本小书——《小宝宝》《老鼠》《小鸟》《狮子》。让孩子可以在单纯的想象中抒发情绪，减少生活上的挫折感。

童书在一岁小孩的眼里，“文学价值”是

不明显的。他们将童书视为玩具，陪他睡觉、陪他玩耍、陪他洗澡（市面上有出售可泡在浴缸内的书），甚至于陪他生气、陪他欢笑，童书可成为他生活中相当重要的一部分。朋友的宝宝满周岁，送童书是最得体的。例如《大家来洗澡》《我的野餐盒》都是塑料书。塑料书可以浮在水面上，让孩子打水玩，有时他将书压下水面。他会发现轻飘飘的东西抓到水里居然得花些力气，说不定长大后上课学到浮力时，就比较容易理解啦！

什么是“命名书”？

“命名书”（naming books）不是指姓名学的书，如果你拿它作参考来为宝宝取名字，那就会有“赵飞机”“何牛奶”这一类的惊人之作。

命名书是指那些没有情节，只是告诉读者“这是什么”的书，内容包罗万象，有交通工具、身体、动物、玩具等等，可能是图画，也可能是照片。例如，《幼幼小书》是本土创作的命名书，内容包括食物、衣物、用具、眼睛、嘴巴、耳朵、家、公园、街上、动物、大自然。都是孩子生活环境里熟悉的东西。

一岁幼儿对周围识物的了解，能由指出物品说出名称，进而说出此物品的特性。所以同样一本讲交通工具的童书，在一岁半以前，他能看着图片说飞机、汽车，到一岁九个月左右，他又可以再加上“飞机天上飞”“汽车路上开”的表达了！

选购这一类的书要注意图中的物品与实际的是否相像。例如有本书上画了一个白发的老太太，写着“奶奶”二字，每次妈妈翻到这页，念出“奶奶”时，露露就皱着眉，一副“别瞎掰了”的表情。原来她实际生活中的奶奶是位烫着米粉头、穿着打扮时髦的妇女。又有一回她指着一个“鼻子”，得意地说：“莲雾！”可见画得实在太离谱了，难怪孩子会指鹿为马。

洞洞书的洞洞有什么功用？

如果设计得好，洞洞书的洞洞不但可以让宝宝动手，也可以制造一些惊喜。有的洞是要宝宝把手指伸进去玩的，有的洞则是让宝宝“偷看”的，至于设计得不太好的洞洞书，为洞而洞，可能会把宝宝搞得莫名其妙。

因为小肌肉的发展尚未完全，一次翻一页书的动作大约在两岁以后才能达成，所以像洞洞书之类的童书，孩子小小的手指可以穿梭书间，他可和书玩成一片，也帮助他在翻阅时，较有成就感。

通常洞洞书的洞口会经过处理，才不会割到手指，但是选购时还是留意一下，以免在宝宝细软的小手指上留下洞洞。

洞洞书的经典之作《好饿的毛毛虫》厚纸板书，是可以玩很久的书，情节也很有趣。《小宝宝翻翻书》以小小孩的生活为内容，例如：《上床啰》《好朋友》《衣服》《小宝宝》。可翻可玩，也不会太复杂。

《好饿的毛毛虫》
艾瑞·卡尔／文、图

一岁的宝宝能听故事吗？

小君一岁多时最爱听这段："小羊妹妹走丢了，羊妈妈找不到她，就哭了。"她会立即表演羊妈妈在哭的样子，至于最后羊妈妈有没有找到小羊妹妹，或是如何找到的，她就管不了了。

注意力短是一岁宝宝的特征，单一情节和与日常生活有关且熟悉的事物是此年纪选择童书较佳的内容。除了注意力无法持续长久之外，再加

《快乐的小熊》 渡边茂男/文 大友康夫/图

《我爱洗澡澡》 玛丽莲·加诺维兹/文、图

《达达长大了》 岭月/文 曹俊彦/图

上其思想过程的单一化，不要指望他能把各种不同的情节作合理的连接，所以内容较长或情节较复杂的故事，并不适合一岁多的小孩。

但是你还是可以试着跟他讲有情节的故事，只是当他不注意听时，你就识相地陪他做别的事，不要坚持完成你的故事。想想看，以后说故事的机会多得很！也不要为故事没讲完而过意不去，小家伙才不在乎，他心里还是佩服你会说故事，只是他还没办法专心。

适合这个年龄看的书，说是要越简单越好，其实简单的书要好看也不容易呢！例如《快乐的小熊》的主角是熊爸爸和小熊，画面单纯却不单调，情节有趣而不复杂，是给一岁多小孩看的好书，内容也是孩子熟悉的活动，例如：《爸爸跟我玩》《我会盖房子》《我会穿衣服》《大家好》《溜达！溜达！》

《我爱洗澡澡》模仿小狼和狼爸爸的对话。大概父母都曾遇到过如此窘境：洗澡、睡觉的时间到了，孩子却不肯合作。除了打骂、威胁、利诱以外，平常跟孩子一起看些此类童书应该是更温和而有效的方法。

《达达长大了》是本土创作，由岭月女士以她多年帮助孩子成长，以及协助父母解决孩子的成长问题的丰富经验，为我们的孩子写下十本有

趣的成长童书，包括：《尿布Bye-Bye》《达达看医生》《八个垃圾桶》《达达的毯子》《杯子破了》《达达洗澡》《收——拾》《达达会帮忙》《小凳子》《达达的大拇指》。

此外，有些经典童话故事简化后，也是一岁多的小孩可以接受的，例如《三只小熊》《红鸡妈妈》等。

第三篇 生活篇

忙碌/无聊

《小豆豆》约翰·华勒斯/文、图

《小莉的一天》彭妮·戴尔/文、图

《每一天》凯瑟琳·霍尔特/文、图

人要生存，也要生活。孩子的教育就是生活，生活就是教育；游戏就是学习，学习就是游戏。他每天做些什么？他最喜欢做什么？他最不喜欢做什么？他都跟家人做些什么？他如何将必须做的事情做好？大人借着这些生活里的点点滴滴，塑造孩子的生活习惯和人格。例如《小豆豆》中，爸爸总是很忙，小豆豆也说自己很忙，他们俩能不能互相陪着忙呢？

看不懂孩子在做什么的大人，总以为孩子无所事事，其实只要提供给孩子安全的环境，孩子可有得忙呢！例如《小莉的一天》，让我们看到孩子生活的点点滴滴都有意义。小莉每天的生活忙的也许不是什么经世济民的大事，（我们大人忙得又多伟大呢？）但是学习的巧妙蕴藏其中。而《每一天》描写生活中有好日子，也有坏日子，有时快乐，有时难过，有时无聊，有时好玩。每一天都很不一样，每一天也都会过去，所以今天就是最好的日子。

个人的一天是从“纵断面”来看生活，但是也可以从“横断面”看生活，例如，《世界的一天》中小孩和小狗在海上出了事，落难于无人岛，不断向世界各地的小朋友发出求救讯号。从每三个小时发出一次的讯号中，陆续看到世界各地的小朋友在元旦那天的生活情形。

即使孩子从事的不是明显的学习活动，他的心思还是忙着吸收和模仿。例如《在森林里》，男孩戴着纸帽、拿着喇叭，独自到森林里散步，遇到狮子、小象、灰熊、袋鼠等动物，一起野餐、玩丢手帕、躲猫猫。爸爸出现了，所有的动物也不见了。《像我平常那样》中，一天早晨小男孩蹑手蹑脚学小猫走路，收起翅膀，学公鸡走路，又学懒猪、白鹅、老马的样子，直到看到爸爸才不再学。《森林大会》中的男孩悄悄走进他内心的森林，开始和动物玩，在看过了各种动物表演后，男孩无意间发出笑声，所有动物都学不来。这些童书都让我们看到孩子生活的丰富并不需靠很多物质条件。

孩子也会感到无聊，无聊是个很好的状况。没事做时，人开始想点子自娱，创造力于是有了发挥的空间。孩子有无聊的权利，也有排解无聊的能力。例如《谁来买东西》中，孩子下雨天无聊，玩小杂货店的游戏，东西摆出来，吆喝着：“谁来买东西？”结果麻雀买了手帕，猫买了杯子，老鼠买球，终于雨停了，又可以出去玩了。《好无聊哦！》写两个男孩觉得生活很无聊，于是在家中拆拆弄弄，造了一架飞机。

《世界的一天》 安野光雅／主编

《在森林里》 玛丽·荷·艾斯／文、图

《像我平常那样》 玛丽·荷·艾斯／文、图

动物类中，猫科大概看起来像是会感到无聊的一类，因为猫看起来就是懒懒散散的，因此童书请它们当主角就很适合，例如《无聊的下午》中，小猫觉得无所事事，在屋里玩斗鱼，又去户外逗弄蜘蛛，遇到下雨，看到油桐花，又玩了一会，才回家。

是啊，孩子有忙碌和无聊的权利，也有应付忙碌和排解无聊的能力。

饮食

吃喝是最基本的本能，但光靠本能而无常识也是会致命的。孩子年幼时就该给他建立良好的饮食习惯，并助他明了食物和健康的关系，而不致长成只知“吃香喝辣”、过度注重满足口欲的人。

对幼儿来说，培养良好的饮食习惯是应及早的，例如《两个娃娃》中，阿花和胖胖是两只可爱的小狗，阿花爱干净，胖胖却有点邋遢。胖胖因饼干屑留在鼻子上，被蚂蚁骚扰，总算学会整洁。父母可以借着胖胖和阿花不同生活习惯的对照，提醒孩子注意吃相。尤其小读者会看到书中有个跨页画的是胖胖鼻子上有只黑蚂蚁，印象很

《森林大会》 玛丽·荷·艾斯／文、图

《谁来买东西》 角野荣子／文 田精一／图

《无聊的下午》 曹昌德／文、图

深刻。

吃是一件事，也是一个过程，《妈妈买绿豆》将过程描绘出来，除了让孩子看到煮绿豆汤的步骤，也在其间看到亲子互动。

“工欲善其事，必先利其器”，要能享受中式餐点，会使用筷子会方便很多。《我会用筷子》中循序渐进的游戏式教法，让两岁以上的孩子自信地学会使用筷子。

吃是一种享受，尤其与家人或同伴一起吃，更是开心。《今天的便当里有什么？》中，动物们在一起玩，开始吃便当，每个人的便当内容都不同，大家都吃得很开心。

但是我们也不鼓励孩子贪吃，一方面显得家庭教养有偏差，一方面贪吃常会摄取过多不需要的食物，对健康有不良影响。童书也有这一类的教训，例如《胖国王》是针对现代社会许多过胖儿所设计的书，以幽默的故事呈现体重过胖的成因和后果，也点出合理的减肥之道。让孩子在鲜艳活泼的书页间，体会到减重不是容易的事，除了个人的毅力外，还需靠旁人的协助，才能成功。有了正确的观念，往后就不必赔上强迫瘦身的痛苦和健康的代价。

还有很多童书中有吃东西的情节，不妨也顺便看看其中传递的信息，说不定间接的提醒也会

《两个娃娃》
华霞菱／文 陈永胜／图

《妈妈买绿豆》
曾阳晴／文 万华国／图

《我会用筷子》
小永井道子／文、图

有直接的教导效果呢！

衣着

这一代的中年人如果记性不坏的话，大概还会知道什么叫做“穿面粉袋”。用面粉袋制成的T恤虽寒碜，却符合服装的基本功能——蔽体和舒适。

这一代孩子的衣着可就复杂多了，从小baby开始，父母就尽量讲究婴儿服的质料，唯恐不慎伤害宝宝细软的皮肤。稍大，孩子会有自己的意见，孩子的衣着教育越来越早，越早越好。

首先，孩子需要知道穿着是为了保护身体，天冷了多穿或穿暖和的衣物以免着凉，为孩子穿衣时不妨也谈谈你为何认为今天该穿这些，慢慢地，孩子就会有概念。

其次，穿衣是要配合场合，外出服、游戏服、工作服、睡衣，各有不同的功能。穿睡衣上街或穿外出服玩泥巴，都是不妥当的。

孩子的衣物最理想的是易穿、易脱、易清洗，如此方便大人教导小孩自己穿脱衣物，又不必太担心将衣物弄脏，例如《阿立会穿裤子了》中，阿立不会穿裤子。因为小孩子头大个子小，

《今天的便当里有什么？》 岸田衿子／文 山胁百合子／图

《胖国王》 张蓬洁／文、图

每次一抬腿就跌倒。后来他发现坐着穿很容易就穿上了，也很得意自己可以穿裤子了。

衣服跟我们的生活息息相关，但是很多孩子对于“衣服是怎么来的”毫无概念，只知道是买来的。《阿利的红斗篷》则是详尽地介绍一件斗篷从无到有的过程，让我们从有趣的图画中看到，一件新斗篷从春天剪羊毛、洗、梳、纺、染，到织、裁、缝等过程。到了冬天，阿利就有一件新斗篷上身了。

当然，衣服除了蔽体、保温等基本功能之外，也能代表人的身份。有的孩子敏感地察觉到“人要衣装”，因为他如果穿得漂亮些，大人小孩都会投以嘉许或羡慕的眼光，而有势利眼的人不仅以貌取人，甚至“以衣取人”，因此为了满足虚荣心，人常常折腾自己。《国王的新衣》就是这个主题最好的故事。国王爱漂亮，只爱穿新衣，结果来了两个骗子，答应替他做最漂亮的衣服，害得他光着身体在街上走，旁人为了阿谀奉承他，都不敢说实话，只有一个小孩说出真话，幸好国王及时悔悟。当小朋友看到图画上国王光溜溜的屁股时，都忍不住哈哈大笑，笑大人的虚假和愚昧，或许有一天他们也会想到对衣服的讲究应该适可而止吧！

一般都是大人为小孩打点衣物，《谁在敲

《阿立会穿裤子了》
神泽利子／文　西卷茅子／图

《阿利的红斗篷》
汤米·狄波拉／文、图

《谁在敲门》
崔丽君／文、图

门》则是小朋友宽宽和容容在冬天里担心户外的老树会太冷，拿了许多衣物，为树公公穿戴打扮。孩子们也能体会：穿是生活照顾上很重要的一环呢！

居住

在积木角，孩子喜欢盖房子，在娃娃家，孩子会把家具布置起来。一个每天进进出出的地方，一个可以安心吃喝拉睡的地方，就是所居住的地方——通常是房子，我们称为家。

房子最主要的功能是遮风蔽雨，同时让家人得以在里面从事各项活动。孩子自幼就知道房子的各部分有不同的用途。在厨房可以找到东西吃，在卧房有床可以躺下睡觉，卧室通常还有衣柜，可以放很多衣服。客厅是客人来时坐下谈天的地方，也是大多数家庭看电视的地方。此外，家是可以玩耍的地方。不同的房间有不同的玩法，当然，有的地方玩起来较安全，有的较危险。

除了自己住的地方，孩子也会关心别人住在哪里，别人家和我们家有什么不同。小狗住在哪里？小鸟住在哪里？青蛙住在哪里？

童书故事的场景有些是在屋里的，有专门谈房屋的书，例如《你的房屋，我的房屋》，探讨有关房屋结构和功能，也有将房子拟人化，让读者从房子的角度看一些事情。《小房子》中，小房子每天站在丘陵上看风景，看到周围的景物，随着挖马路、开商店、盖高楼、凿地下铁，一点一滴在改变。小房子主人的后代发现了，再度将小房子移到一个长满雏菊和苹果树的丘陵上。

人口密度对居住环境的影响很大，在有限的空间中，人们仍可以努力地改善居住质量，例如《楼上楼下》住着原本互相干扰的两户人家，幸好他们想出了利己利人的生活之道。

《你的房屋，我的房屋》
加古里子/文、图

《小房子》
维吉尼亚·李·伯顿/文、图

睡觉

睡觉，对许多忙碌劳累的大人来说是求之不得的。在一天的工作后，能够平躺下来，进入梦乡，第二天醒来才能精神十足地面对新的一天。有时有心事也会失眠，那是很难受的经历，因此大多数的人都同意：有觉可睡是幸福的！

可是孩子好像不这么想，小一点的孩子即使很倦很困了，还是要闹觉，弄得原本就疲惫不堪的大人不得不求饶。大一点的孩子可能会跟父母讨价还价，你说九点上床，他就说九点半，你答应九点半，他又拖到十点，还说“别人都可以这样”。

孩子为什么这么舍不得睡？据说是因为分离焦虑，他怕看不到家人，何况一闹觉就会得到别人的注意和关心，也就养成习惯了。

其实在睡觉前来点“仪式”，对亲子双方都是有帮助的，时间长短视情况，10分钟不算短，30分钟也不算长。一开始可由父母挑故事书，说给孩子听，慢慢地，可能孩子要挑自己最想听的，听着听着，然后君子协定 Kiss good-night。嗯，睡前故事功不可没。

最典型的睡前故事是在故事末尾以“小乖终于睡着了”明明白白告诉孩子该睡了。也有人觉得每天挑书麻烦，就找个长篇故事如《爱丽丝梦游仙境》当连续剧，每天一段，也颇引人入胜。

有的孩子喜欢每天听同样的故事，有的孩子则喜欢多变化，这也没什么好坏对错。只是睡前故事不宜讲太刺激或是太恐怖的，以免造成反效果，不但睡不着，好不容易睡着了又做噩梦。

工作很忙的父母如果每天只有一点时间跟孩子分享童书，可能睡前是最宝贵的。关掉电视，关掉电话，来到孩子床边，专心地跟他“约会”，除了说说故事，也可以一起做个睡前祷告，在天父面前检讨这一天，交托第二天，相信这样做一定可以让孩子有一夜好眠。

谈睡觉的童书很多，例如《当我想睡的时候》，想象各种不同的睡觉感觉。

《你睡不着吗？》里的小乖熊就是该睡了还睡不着，大乖熊很想专心地看看书，但是小乖熊再三地说怕黑，大乖熊只好一直起来为它点灯，最后还勉为其难带它去外面看最大的灯——月亮。小乖熊终于睡着了，大乖熊也累得睡了。家有小孩的父母读到这故事都能会心吧！

睡觉和起床是一件事，如果睡觉是享受，起床常令人浑身无力，童书也体谅起床困难的人。当然，也有一些建议，例如《起床啦，皇帝！》中，小皇帝爱睡懒觉，天天早朝都迟到，幸好遇见一个可以天天早上陪他踢球的男孩王小二，而养成早起的习惯。有时候先醒来的是孩子，起不来的是大人。例如《起床啦！大熊》中，礼拜天上午，托比醒来，爸爸却还在赖床。托比钻进被窝，父子在起床前假装是熊，玩得很开心。

《早安！》和《晚安！》两本书则分别就起床和上床两件大事，从孩子的角度以图画描述，孩子不是电器，不是可以随意开关的，大人还是慎重地加以对待吧！

《当我想睡的时候》
J.R.霍华德／文 琳恩·彻丽／图

《你睡不着吗？》
马丁·沃德尔／文 芭芭拉·弗斯／图

《起床啦，皇帝！》
郝广才／文 李汉文／图

交通工具

《小杰出门找朋友》 村山桂子/文 崛内诚一/图

《巴士到站了》 五味太郎/文、图

《骑车去郊游》 笠野裕一/文、图

孩子对会动的东西都很有兴趣，上帝造了飞禽走兽，让不同的动物生活在不同的环境，有不同的生理条件去适应生存所必需。

人类在所有动物中是最会模仿，也最有学习能力的。从观察自然中，人类得到许多启示，发明了机械，也大大扩展了活动空间。

在交通工具中，车子是孩子接触最多的，脚踏车、机车、小汽车、娃娃车、公共汽车、大卡车、火车等等。大部分的车都有轮子，借着轮子的转动，人要“滚出去”也就快多了。

除了路上真正的车子，孩子也有火柴盒小汽车、玩具车。总之，认识车辆对现代的孩子来说是必然的，也是必需的。因此利用童书教导交通安全自有其必要。例如《小杰出门找朋友》中，小杰和小狗、小猫都急着去芳芳家，可是妈妈、警察、邮差、路上的司机，都叫小杰慢慢走，以自然体贴的方式告诉小朋友如何遵守交通规则。

公交车是孩子熟悉的交通工具，《巴士到站了》中带读者坐巴士逛街，看不同的人。这辆巴士经过不同的地方，孩子可以凭下车人的目的，猜一猜每一站不同的目的地。脚踏车和山地车也是孩子感兴趣的，例如《骑车去郊游》中小宏骑山地车到处玩，又和爸爸、小狗一起去郊外，爸爸也趁机会教他注意安全，而且仔细观察他的骑车能力。

人类的活动范围以陆地为主，却不限于陆地，想要“行走于水上”，也需要交通工具。水上交通工具泛称为船，从最简单的一叶扁舟，到复杂无比的航空母舰，基本的功能是同样的——载人在水上走。

最影响人类历史的一艘船应该是诺亚的方舟。在《圣经·创世纪》第六章中提到上帝见人道德败坏，后悔造人于地，就命令诺亚造方舟，要他将“凡有血肉的活物，每样两个，一公一母，带进方舟，好在那里保全生命。”这条救命船在洪水泛滥中漂泊，前后几乎花了一年的时间，诺亚和家人及一切走兽、昆虫、飞鸟，和地上所有的动物才出了方舟。《诺亚方舟》的故事一向是小朋友的最爱，想象那一整船的成双成对的动物，伴着义人诺亚一家，漂呀漂的，四周是汪洋一片，“念天地之悠悠，独怆然而泪下”的心情也会油然而生吧！有趣的是汉字的“船”拆开来是“舟八口”，正好是诺亚方舟上的人数。

方舟的故事还有《第一个动物园》及《等待彩虹》，前者配有儿歌，后者是立体图画书。

其他有船的童书，例如《和甘伯伯去游河》

《和甘伯伯去游河》

约翰·伯宁罕／文、图

中，甘伯伯要去游河，他的朋友都央求要去，可是一上船，大家就忘了甘伯伯的叮咛，猪开始乱晃，狗追猫，猫捉兔子……最后船翻了。

至于飞机的通行，比起车和船是晚多了，但是进步快速。飞机的种类亦繁多，即使在小小的台湾岛，它已是很普遍的交通工具，孩子也或多或少有搭飞机的经验。例如《搬到另一个国家》，写的是两个小女孩分别住在中国台湾和美国，但是因搬家而需搭飞机的故事。

火车

这一代的父母大多数都有搭火车的经验。坐火车对大人来说是熟悉的，也是难忘的回忆；但是这一代的孩子较常搭公交车和自用小客车，坐火车对他们来说是较陌生的，也是跃跃欲试的想象画面。巨大的物体对孩子总是有一股说不出的吸引力，现代的火车虽不再有厚绵绵的浓烟追着跑，但它还是一个庞大而迷人的交通工具，因为：

1. 火车只在细长的轨道上走，不像其他车辆在一般平地上走。

2. 火车有很多车厢连在一起，变得好长好长。

3. 火车的车厢空间较大，大人小孩都可以在里面走动。

4. 火车摇摇晃晃的，感觉很舒服、很特别，而且一路可以听到轮子和铁轨摩擦时所发出的叽叽嘎嘎声。

5. 坐在火车上可以尽情享受风景，不需担心塞车或踩煞车。

忙碌的现代社会里，在外地工作的机会比在家乡多，回乡探亲时不妨带孩子坐坐火车，享受一下童年的回忆，对孩子也是一项丰富的、宝贵的生活经验。例如《第一次坐火车》中，小杰和小莉一起坐火车去奶奶家，火车穿越大城小镇，通过许多又黑又长的山洞和宏伟的铁桥，他们即使犯困也舍不得合眼。

即使不是坐在火车上，看着火车疾驶而过也是件愉快的事。火车通常不会突然转向，只要不是站在铁轨上，就没有危险。例如《火车快跑》中是以丰富的色彩让孩子感受搭火车驰骋的快感。

世界各大城市几乎都有地铁系统，台北的孩子也开始看到地铁，童书也不厌其烦地让孩子知道地铁是怎么回事，例如《地下铁开工了》，介

《第一次坐火车》
伊凡／文、图

《火车快跑》
唐纳德·克鲁斯／文、图

《地下铁开工了》

加古里子／文、图

绍地铁可以解决都市人车越来越多的问题，为孩子揭开地层，看看地铁各种施工方法及设备的用途，又开拓了另一种新鲜有趣的视野哩！

阅读

幸运的孩子们可能无法体会自己有书可读不是理所当然的，事实上，这个世界上还有很多小朋友因为环境贫困，想读书竟是奢望。

“爱读书的小孩不会变坏”是一般父母希望孩子多读书的主要原因之一，其实不变坏是比较消极的想法，更积极的想法是：享受读书的乐趣使孩子快乐，快乐的孩子不会刻意伤害自己和别人，这就是上进的最稳固的基础了。

如何让孩子喜欢读书呢？对于幼小的孩子，让他多接触书，对书产生熟悉感，这是阅读的初步。有人曾说：“强加于人，好事变坏。”因此，千万不要强迫幼小的孩子读书，以免让他对书产生敌意，这是有些小孩不喜欢看书的主要原因。图画书的产生和存在都是因为要帮助孩子在生命的前期就养成看书的习惯，让阅读成为生活的一部分，就像吃饭、穿衣、睡觉一样，不做就不舒适。

因此，帮助孩子认识书，是一件必需的事。在《我爱书》中，小猴子爱各式各样的书——好玩的书、令人害怕的书、童话故事书、顺口溜的儿歌、漫画书、画图本子、胖胖的书、瘦瘦的书、讲恐龙的书、讲怪物的书、数数的书、学ＡＢＣ的书、有关太空的书、海盗的书、唱歌的歌本儿、稀奇古怪的书。作者安东尼·布朗的画充满想象力，将书的各种面貌，以十分的趣味呈现。

《我爱书》
安东尼·布朗／文、图

《傻鹅皮杜妮》
罗杰·杜沃辛／文、图

有了书，光是打开书还不够。书是给人读的，有了书而不会读，还是学不到东西。《傻鹅皮杜妮》就是让傻鹅来扮演传递这个大道理的角色。故事中，傻鹅无意中捡到一本书，它听说“有书又爱书的人就有智慧”，它以为自己整天带着书就有智慧，便骄傲起来了。其他的动物也以为它真的变聪明了，便纷纷谦虚地向它请教。它神气地出了许多馊主意，越帮越忙。直到有一天动物们发现了一个盒子，皮杜妮看不懂盒上的字，以为是糖果，自作聪明地打开，盒子爆炸了，害得大家都受伤了，它才明白：得先学会看书，把书装进脑袋里，才有智慧。

阅读环境也很重要，《很久、很久以前……》中小老鼠妮妮想读一本书，但是每次读完第一页的第一句“很久、很久以前……”就被旁人打断，幸好它想出一个妙方：邀请那些打扰它的动物来欣赏它的朗读，因此皆大欢喜。

爱一个人，你会想多知道他的过去，爱书的人应该也会想多认识书是如何发展到今天的面貌。《如何做一本书？》中，小猫扬了扬手中的书，问了一句每个人都曾问过的问题："这本书是谁做的？"原来每本书的完成都得经过作家、编辑、画家、美术编辑、印刷者、装订者的专业工作，才能经过经销商或图书馆，让读者享受阅读之乐。

阅读是学习的重要来源之一。阅读的对象是书。认识书会使我们更想要与书互动，所以多跟孩子谈谈书，让孩子多多有书的知识，他会更觉得书是生活中不可或缺的良伴。

才艺

当我们说一个人多才多艺时，通常是指他有表演才能，因此"才艺"与"表演"二词往往同时出现。如果你问周围的人："请问你有什么才艺？"大部分的人都会回答："我没什么才艺，我一点都不会表演！"

才艺（talent），是指"才华技艺"，其实并不一定专指表演，通常你做一件事，不管做得如何，你都很喜欢做，即使没有外来的鼓励，也乐此不疲，此事大概就可以称为是你的才艺了。因此烹饪、园艺、缝纫甚至扫地，都可能是才艺。

然而表演就不一定了，许多孩子在尚未从各种才艺中得到乐趣之前，就有了表演的压力，他被迫在乎“我做得好不好”甚于“我如何去喜欢它”，因此长大后即使从才艺中满足些许虚荣心，却未能真正享受到才华技艺，不管多努力，都很难从“匠”超越为“师”。

艺术才华是心灵世界的发表园地，我们从孩子自然天真的才艺表演中，可以看到他们的内心世界，也可借着鼓励他表现各种才艺而对其自己的内在有更多了解。其实只要不被禁止，正常的孩子不需特别的教导就能在生活中享受不同的才艺，最常看到孩子自发的才艺活动通常是唱歌、跳舞、画画、戏剧（扮演游戏）等等。

爱画画的小孩，可能会喜欢《蜡笔盒的故事》。蜡笔盒里面有八支不同颜色的蜡笔，它们都好想看看外面的世界。一天，盒子打开了，八支蜡笔轮流跳出来，在图画纸上合力画了蓝天、大海、站在沙岛上的男孩、乌龟。可是图中的男孩却因回不了家而愁眉不展。正当蜡笔没辙时，画却有了生命，带来了意想不到的结局。《神奇

《蜡笔盒的故事》

唐·弗利门/文、图

画具箱》中小女孩佳美的哥哥有个画具箱和一本素描簿。佳美也要画画，跟哥哥借了画具箱，开始涂抹水彩。结果蛇叼走了红色颜料，佳美去追，发现所有颜料都被动物们打开，后来大家尽兴地集体创作，画出一幅神奇的画。

《阿罗有支彩色笔》和《阿罗的童话国》则是阿罗不断思考、幻想，绘出多彩多姿的世界。《穿越世界的一条线》讲的是一支神奇的笔可以画出缤纷的颜色，沿着线条延伸，构成美丽的新世界。只要运用一点小智慧，就可以将简单的线条做出丰富的变化。

很多小孩学音乐，但是乐音之前必有噪声，学习是要付出代价的，例如《毛儿的大提琴》谈的是孩子学音乐的历程。弟弟毛儿听到姐姐蝶儿吹长笛，很羡慕。姐姐建议他学大提琴。不料学习的开头充满了挫折感，直想放弃。但在姐姐的鼓励下，他终于走过制造噪声的“隧道期”，而开始享受音乐。《彼得的口哨》中彼得想学吹口哨，屡试不成，一试再试。狗儿威利迎面而来，他躲到纸箱中，突然吹出一声清脆的口哨。

《帕克的小提琴》年轻人帕克穿着简单，带着他唯一的一枚银币，去洋葱先生的旧货摊买小提琴。他快乐地拉着，四周起了神奇的变化。《爱音乐的马可》中，马可喜爱演奏各种乐器，

《神奇画具箱》 林明子／文、图

《阿罗有支彩色笔》 克罗格特·约翰逊／文、图

《穿越世界的一条线》 海因兹·温格尔／文　杜桑·凯利／图

但是吵得大家受不了。后来他不想玩乐器了，说是没心情。幸好有一天，马可觉得时候到了，心情对了，又高高兴兴吹奏起来，而且是邀大家跟他一起享受音乐的乐趣。《小木匠学手艺》则指出学手艺得下功夫，才会学得好。

刷牙、洗澡

从前的人营养不良，卫生保健的知识又不够，牙齿问题一大堆，但是经济条件不许可，多数人牙蛀了、烂了，就拔掉，牙齿的命运就是“从无到有，从有到无”。

现代人的牙齿问题可就更多了，虽然营养、卫生、经济条件都有改善，但是营养过剩使得很多孩子“旧牙不掉，新牙已长”，只好麻烦牙医动刀动钳，强迫旧牙退位。有的小孩牙齿太大，牙床太小，父母怕他牙齿长得参差不齐，有碍观瞻，就得接受牙齿矫正的酷刑。各式各样的零食更是让孩子很难抗拒，也很难时时刷牙漱口，因此即使牙刷和牙膏越研发越讲究，人的牙齿问题仍层出不穷。

跟孩子谈牙齿保健的童书应运而生，例如《牙齿的故事》，运用实例标出门牙、犬齿、臼

《彼得的口哨》
艾兹拉·杰克·季兹／文、图

《帕克的小提琴》
昆汀·布莱克／文、图

齿的功能，并以对比的手法，铺排出牙齿健康者的好处及蛀牙的坏处，提醒孩子养成良好饮食及口腔卫生的习惯。

《大家来刷牙》是厚纸板书，上面还附赠儿童牙刷一把。《你的牙齿我的牙齿》则是以有趣的图告诉孩子牙齿保健的相关知识。

《缅因的早晨》描写一天早上，莎莎发现牙齿松动，跟爸爸和妹妹去海边，一路为此十分兴奋。原来掉牙也可以是如此鲜明的印象。

《第一次拔牙》中的阿沛要换牙了，可是他很害怕。在妈妈的巧妙安排下，终于拔掉旧牙，并在邻居小朋友的注视下，像个小英雄似的将牙齿扔到屋顶上去。也有以更轻松的手法处理这个棘手问题的童书，例如《鳄鱼怕怕，牙医怕怕》。故事里的鳄鱼牙疼，满怀恐惧地去看牙医，牙医一见鳄鱼走进来，也戒慎恐惧，好不容易双方都战战兢兢地看好牙，鳄鱼和牙医都松了一口气，也都在心里暗暗地说：“希望以后不要再看到他。”

洗澡也是卫生保健项目之一，多数孩子喜欢洗澡，因为洗澡的时候可以玩水、玩肥皂泡沫，洗好澡气味清新、身心舒畅。但是也有孩子逃避洗澡，原因可能是：洗澡的设施不太方便，不能悠哉游哉痛痛快快地洗。有的则是小时候大人帮

《牙齿的故事》 加古里子／文、图

《大家来刷牙》 莱斯利·麦奎尔／文 琼·皮金／图

《你的牙齿我的牙齿》 柳生弦一郎／文、图

他洗澡时动作太粗鲁，让他感觉很不舒服，或是利用洗澡的时候训话，令他反感。

其实，洗澡时间可以是亲子感觉最亲密的机会，孩子脱得光溜溜的，一身细嫩的皮肉，多么可爱！有一回我去邻居家，正好七个月大的乐乐在洗澡，我站在浴缸旁看着她玩肥皂泡沫。我本以为平日抱她、搂她、亲她，她都不介意，观赏她的出浴实况，她应不至于太在乎。哪知她玩了一下，忽然注意到我在场，立即号啕大哭，我连忙回避。或许乐乐觉得洗澡是个自家人亲密的时间，不容外人介入，可是她才七个月大耶。

父母是孩子最亲密的人，从替婴孩洗澡开始，最好能充分利用洗澡的机会，给孩子舒服的抚摸。如果不是太忙，跟他玩玩水，准备一些水中可玩的塑料玩具。不要天天洗“战斗澡”，让孩子连洗澡都紧张兮兮的。

跟孩子谈洗澡的童书也会帮助孩子除了喜欢洗澡，更了解洗澡是怎么回事，例如《我爱洗澡澡》。洗澡、睡觉的时间到了，孩子却不肯合作，可以通过模仿小狼和狼爸爸的对话，让孩子甘心地享受洗澡。《最喜欢洗澡》中，小男孩喜欢洗澡，在浴缸里和别的动物一起共享洗澡的乐趣。

《第一次拔牙》
任大霖／文 徐素霞／图

《鳄鱼怕怕，牙医怕怕》
五味太郎／文、图

如厕

《怎么会有大便》

佐藤守／文、图

“老师，他说脏话！”

“哦？他说什么了？”

“他说大便！”

“大便不是脏话呀。”

“可是大便很脏哦。”

类似的对话在幼儿园中经常会出现。人的排泄物的确是一些比较保守的大人难以启口跟孩子谈论的。早年有些大人还会禁止小孩说出大便、小便、上厕所等字眼。有个笑话：一个男孩跟爸爸去喝喜酒，席间男孩说：“爸，我要小便。”爸爸斥责他，他觉得很委屈，爸爸说：“以后你说你要唱歌，我就知道了。”回家就寝后，半夜，男孩又想上厕所，只好摇摇爸爸说：“爸，我想唱歌。”爸爸睡得迷迷糊糊的，回答说：“就在我耳边轻轻唱好了。”

其实，大小便和放屁都是正常的生理需求，是消化功能的一部分，不必过于避讳。当然最好还是注意一些约定俗成的礼节，在公共场合，可以以“上洗手间”表达，感觉上是比较有教养的。

童书以有趣的方式介绍这些臭臭的东西，例如《怎么会有大便》中，利用可爱的问题、可爱的答案，随着小人儿进入人体消化道，展开一次令人难忘的“大便之旅”。《大家来大便》中，从大象的巨号大便和老鼠的迷你大便，以趣味方式画出各种动物的大便习性与外观，并交代了人类处理大便的程序，以及人与动物吃了东西就会大便的生理现象。

《是谁嗯嗯在我的头上》也是很受小朋友喜欢的一本书，述说鼹鼠散步时，别的动物不小心将大便拉在它的头上，它四处兴师问罪，所有被怀疑的动物都连忙就地大便，以撇清嫌疑。当然，最后它找到了罪魁祸首，而自己也不小心地……

很多人小时候都曾担心吞下种子会从肚子里长出树来。《子儿，吐吐》就是写吃东西快又多的小猪胖脸儿，吃木瓜时吞下了子儿，其他的猪都很紧张，认为胖脸儿的头上会长出树来。胖脸儿本来有点担心，想象之后又开心地等子儿长出木瓜树，结果子儿还是排出来了。

尿尿的故事也有趣，例如《一觉到天亮》中，小兔子邦尼希望不必包尿片，但是连着几个晚上都尿床，它很失望。爸爸安慰它，时候到了就不会尿床了。终于有一天，它发现自己可以一觉到天亮。《马桶妖怪》中，朱朱不敢上厕所，常常憋尿。到了幼儿园，有小朋友作陪，有时忘

《大家来大便》
五味太郎／文、图

《是谁嗯嗯在我的头上》
维尔纳·霍尔次瓦尔斯／文
沃尔夫·埃尔布鲁赫／图

《子儿，吐吐》
李瑾伦／文、图

了害怕。后来小朋友分享克服马桶妖怪的经验，朱朱也学会了。

多数人都有“在不该放屁时放屁”的尴尬经验，虽然放屁是很舒服的生理反应，但是比起看到旁人皱眉捂鼻的难堪，孩子对放屁也是又爱又恨吧。孩子知道屁很臭，可是又不能自主，若能了解人和动物为何会放屁，即使不小心失礼了，也不会太自责。谈放屁经验的童书也都很可爱，例如《放屁万岁！》谈到班上有人放了一个屁，引起大家提出对放屁的看法——猫会放屁吗？肚子里的小宝宝会放屁吗？

《放屁》也是孩子很喜欢的书。大象的响屁打开了屁的话题：人放屁也可从洗澡水中的气泡中看到，放屁的原因和气味是有不同原因的。《小老鼠普普》中普普跟着全家人去找食物，但是它又小又老爱放屁，吵醒了猫，害得大家惊吓一场，纷纷责怪它。后来大家发现原来它们找的那块食物是毒饵，又很感激它。

《马桶妖怪》 可儿斯坦·鲍伊／文　尤塔·鲍尔／图

《放屁》 长新太／文、图

逛街

带孩子上街是许多父母经历过既爱又恨的一件事。孩子总是兴奋不已，急忙地到处探索街上的各种活动；而爸妈总是小心翼翼，一眼盯着五花八门的货品，一眼紧紧盯着小孩，生怕一不小心发生意外。无论过程是如何累人，“上街”对孩子来说都是很重要的生活经验，“街上”也是孩子接触四周环境的入门。

不见得每次上街都是愉快的经历，但是上街最迷人的就是：每个下一次都可能是愉快的。上街（shopping，“瞎拼”）做什么呢？看人、看车、买东西，如果不一定要做什么就叫做“逛街”（Window shopping）。

《早安！市场》描写大清早小弟弟跟奶奶去市场买菜，他看到各式各样的摊子，热热闹闹的。《第一次上街买东西》中，五岁的小惠第一次上街为弟弟买牛奶，路上的点点滴滴都很新鲜。这些是上街的例子。而带孩子去逛街的童书，例如《逛街》，街上的人、房屋、车子、招牌、动物、植物等，多彩多姿。《跳蚤市场》是安野光雅的经典作之一。在跳蚤市场里，有各式各样的摊子，有的卖旧锅盘、有的卖断了钨丝的灯泡、不能走的时钟，甚至能听到许多关于古老器物的故事。

有时街上很热闹，例如《大游行》中，游行终于开始了，有五颜六色的国旗队，响亮震撼的鼓号乐队，仪仗队神气地耍着棒子，还有穿着各

《早安！市场》
游复熙／文 何云姿／图

《第一次上街买东西》
筒井赖子／文 林明子／图

《跳蚤市场》
安野光雅／文、图

国服装的花车，从游行开始、高潮到结束，将过程完整地描绘出来，邀请孩子一起来看游行。

不管是上街还是逛街，孩子多半有大人陪伴，但有时一个不留心就走丢了。有过这种经验的通常都印象深刻，父母尤其会因为想起“失踪儿童”而惊魂。孩子小时不妨少带他上街，稍大则可先教他一些应变之道，例如：如果看不到爸妈，不要乱跑，留在原地等，或者找“穿制服的叔叔阿姨”。

平时父母在生气时若不小心说过：“你不乖我就不要你了！”孩子在走失时有可能以为被遗弃了，借着童书可以让孩子知道走失是因为不小心，也帮他在万一走失时不至于太惊慌失措。例如《爸爸走丢了》中，小孩和爸爸一起逛百货公司时突然找不到爸爸了。小孩认得爸爸的衣裤鞋帽，不慌不忙地找到爸爸。《佳佳的妹妹不见了》中妈妈出门，请佳佳照顾刚睡着的妹妹。一开始她们一起玩，后来妹妹不见了，佳佳到处找，幸好在公园里找到了。

《大游行》 唐纳德·克鲁斯／文、图

《爸爸走丢了》 五味太郎／文、图

《佳佳的妹妹不见了》 筒井赖子／文 林明子／图

生日

有人认为，生日应该就是“母难日”，因为

这一天，母亲忍着剧烈的痛、冒着生命危险生下宝宝，需要特别纪念生孩子的人，而非被生下来的人。虽然母亲真的很伟大，但是生产的痛苦在看到孩子诞生的刹那已经转为欢欣了，怀胎的辛苦和生产的剧痛，孩子也以往后许多年的爱来回报，生日应该算是“母乐日”吧？

生日有其特殊的意义。若说结婚纪念日是夫妇与上帝立约的日子，孩子的生日就是父母与上帝立约的日子。立什么约呢？这约大概就是：从这一天起，我们在这个世界上的关系是亲子，我要尽父母亲的责任，全心全力来爱你、保护你、教导你，好好经营这份耶和华赐给我的产业。

许多男女在婚后才开始明白“我愿意”三个字说出口多么容易，要昼夜实行又是多么需要属天的智慧。亲子之约也是如此，因此孩子的生日实在不仅是个吃吃蛋糕、送送礼物就过去了的日子，庆祝孩子的生日，正可以好好地“续约”，使它有更积极的意义。

孩子很喜欢过生日，一年365天，生日这一天是属于他专有的日子。这一天，父母通常都会对寿星客气些、宽容些、优待些，多少也会想到孩子刚诞生时，父母在心里许下的诺言。

生日和礼物似乎分不开，我们可以提醒孩子，生日礼物的重点是心意。例如《月亮，生日

《月亮，生日快乐》

弗兰克·阿施／文、图

快乐》中，小熊想送月亮一个礼物，它想月亮需要一顶帽子，不惜跋山涉水接近月亮。次日，风将那顶帽子吹下来，它认为那是月亮送它的生日礼物。借着回音，小熊和月亮的对谈正好是相同的，反映出爱心的交流。

而生日蛋糕也是让孩子向往生日的原因之一，重点也不在吃，而是同乐。例如《没有声音的运动会》里，老鼠爷爷生日的前一天，全家人为了给它惊喜，决定合做蛋糕。它们偷偷地跑来跑去，好像参加一场没有声音的运动会。最后它们将蛋糕呈现在爷爷面前，爷爷还说：“奇怪，你们不是都忙着做运动吗？怎么会有时间做蛋糕？”

《皮皮熊庆生会》则让孩子与皮皮熊一起度过它的生日。从早上起床，到收拆礼物，唱生日快乐歌，吃蛋糕，玩累了，睡觉。

《没有声音的运动会》 吕蕙玲／文 陈建志／图

《皮皮熊庆生会》 李·戴维斯／文 戴夫·金／图

情人节

情人节对年轻人来说是很浪漫的节日，尤其热恋中的情侣，这个日子可以比平常更热烈地表达情意。也有人认为情人节是西方的节日，而将七夕（农历七月七日）称为中国的情人节，因为

传说中牛郎织女在这一天才能相聚。牛郎织女相会鹊桥的故事虽感人，但是将七夕当做情人节，好像有点不吉利，聚少离多毕竟不是一般恋人所向往的境界。

情人节的起源跟这些浪漫的爱情其实不太相干。据说是公元3世纪时，基督教有两位殉教者都名为瓦伦泰（Valentine），一是罗马教会司铎兼医生，死于罗马皇帝克劳多斯二世迫害基督教时，另一个是意大利境内特尔尼的主教，也是在罗马殉道。他们也可能是同一人。情人节始于14世纪，称为Valentine's Day，虽与瓦伦泰无直接关系，却以他的名字命名。

因此，2月14日情人节这一天，我们可以特别向所爱的人献上感谢和爱意。但是这种爱并不限于男女之间狭义的爱情，而是人与人之间的爱，对基督徒而言，爱是一切命令的总纲，《圣经》里一再说到“爱人如己”“尽心、尽意、尽性、尽力、爱主你的神”“你们要彼此相爱”等等，所以对周围的人表示我们心中的爱，是理所当然的。

传统中国人比较含蓄，不太习惯将爱挂在口中，总是“爱你在心口难开”，好像说出来很肉麻。但是现代社会步调匆匆，学会适当地表达，可以减少彼此的猜测或误会。幼儿不会想入非非，谈情说爱比较自然，童书中也有很多温馨的词句，例如《猜猜我有多爱你》中，小兔子问大兔子：“猜猜我有多爱你。”大兔子说：“哦，这我可猜不出来。”小兔子于是开始运用想象力和躯体，努力地比画它对大兔子的爱，（爱要怎么比呢？你得看书才行！）到最后，小兔子累得睡着了，大兔子还是深切地说：“我爱你一直到月亮那里，再从月亮上回到这里来！”小朋友看到这里都很开心，又很安心。

《最想听的话》中，小女孩和妈妈手牵手走回家，每到一处风景漂亮的地方，小女孩就要妈妈对她说句话：“你说呀！你说呀！”妈妈说东说西，就是故意逗女儿，不说出她最想听的话，一直散步到最后，妈妈才说出小女孩最想听的话：“我爱你！”女孩说：“我就是要你说这句话！”

虽然父母是孩子最亲密的人，孩子也大都能知道父母是爱他的，但是，他还是希望能更明确地听到爸妈的保证。例如《妈妈，你爱我吗？》中，爱斯基摩小女孩问妈妈：“妈妈，你爱我吗？”妈妈回答了，她又问：“有多爱？”又假设一些情境，确定妈妈的爱是“无论如何”的，是永不改变的。同样的，《爸爸，你爱我吗？》则是讲一个爱盒子的男人很爱他的儿子，他用盒

《猜猜我有多爱你》 山姆·麦克布雷尼／文 安妮塔·婕朗／图

《最想听的话》 夏洛蒂·佐洛托／文 詹姆斯·史蒂文森／图

子来表达他的父爱。这两本书对照很有意思，前者的妈妈语汇丰富，有很多让孩子感到窝心的形容词句，而后者的爸爸是以行动来告诉孩子：“我爱你！”《永远爱你》描写母亲对儿子永不止息的爱。随着孩子长大，他越来越让母亲操心，但母亲仍是爱他的。《我永远爱你》则是写对宠物的爱，虽然爱犬变老并死去，但小男孩也学到了及时表达爱。

生命是什么？有人以为“好命”就是无灾无难。其实没有爱过，就不算活过，因为人活在世上，就是要经历世间的生老病死，尝到酸甜苦辣，感受爱的获得，也感受爱的付出。爱是一切情感的根源。所以当我们真正尝到爱的滋味，才会知道活着是怎么回事。《＜圣经＞怎样说爱》让孩子明白上帝怎样爱他们，他们就懂得怎样真正爱别人。

看在这点份上，我们真该好好过情人节！

复活节

4月是个热闹的月份。在我国台湾，4月已经开始暖和，春天的气息弥漫，鸟语花香，很适合外出活动。4月里有妇幼节和清明节，因此各级

《爸爸，你爱我吗？》
史蒂芬·麦克尔·金／文、图

《妈妈，你爱我吗？》
芭芭拉·M.乔斯／文　芭芭拉·拉瓦莱／图

《我永远爱你》
汉斯·威廉／文、图

学校通常都在4月初放春季假，让大家享受上帝所赐的良辰美景，享受与家人和朋友的相聚，当然，也享受内心的平静安息。

4月还有一个重要的节日——复活节（Easter）。我们设定这一天来纪念耶稣为世人被钉十字架后，死而复活。基督教认为，因为如果耶稣只是为我们的罪死而没有复活，那么他就是个平常人，但是许多人亲眼看见他被钉死，而三天后坟墓空了，又有人见到甚至摸到复活后的耶稣。因着他复活，道成肉身才有意义，否则就不能完成救赎，我们就没有永生的盼望了，因此复活节对人类来说意义深远，值得纪念。

许多教会在这一天都会依西方的习俗，让孩子捡彩蛋，蛋也是代表生命。一个小小的蛋，里头潜藏着生命所需的所有养分，人虽卑微，但是一旦有神的生命在里面，就有无限潜能。

由于许多孩子不知道自己为什么活着，看不到人生的意义和目标，很容易自暴自弃，也看轻生命，因此教育当局嘱咐各学校老师要进行“生命教育”，提醒孩子尊重自己的生命，不要想以自杀来解决烦恼；也要尊重别人的生命，不可伤害或危及别人的安全。

但是当聪明的孩子问你“生命是什么”时，你怎么回答呢？孔夫子说：“未知生，焉知死？”你用这句话应付孩子，可能还是没解决他根本的疑问。孔子未曾想过复活的问题，但是“欲知生，须知死”。因为生和死是一体两面，是同一件事，有生必有死，我们不可能只看一面而看得清楚。

谈爱谈生命，最深刻的一本书就是《活了100万次的猫》，书中的猫死过100万次，也活过100万次，它很引以为傲。它每次都当不同的人的猫，主人都很爱它，可是它对他们一点也没付出感情，直到它遇见一只白猫，爱上它，跟它在一起，生了小猫，后来白猫死去，这只曾死过100万次的猫哭了又哭，直到它死，再也不必活过来了，因为它已经爱过了。

《爱取名字的老婆婆》描写一位老妇人因为长寿的缘故再也不愿给任何“活的”东西取名字，以免又要面对“失去”的痛苦。直到她的生活中出现了一只小狗，她仍是不愿为它取名字。然而日久生情，一天小狗被捕狗人抓走了，她在着急思念中才领悟，只要曾经真心爱过，诚心相待，都会留下美好的回忆，当然她找回了小狗，并给它取名叫来福。

人的生命和死亡与世间其他的生物都不同，因为人有灵，肉体的生死可以用新陈代谢来解释，灵却是人类的生命特别宝贵的原因。唯有找

《活了100万次的猫》
佐野洋子／文、图

《爱取名字的老婆婆》
辛西娅·赖兰特／文 凯恩琳·布朗／图

到生命源头的那位造物主，我们才能真正体会生命的意义。

圣诞节

天寒地冻，见不到阳光露脸的冬季，常令人有沮丧之感。相形之下，圣诞节的欢乐气氛就更受到珍惜和欢迎。圣诞节真是个缤纷的季节，所有跟圣诞节有关的人、事、物都是朝着真、善、美的境界，也引导人产生信、望、爱的理想。

应该让孩子清楚地知道圣诞节的由来。2000年来，耶稣诞生的故事一再地被传诵着，《一个圣诞节的故事》就是以一只小毛驴的角度，来讲耶稣诞生的故事。毛驴妈妈跟着约瑟和马利亚去耶路撒冷，将小毛驴托给小女孩利百加。小毛驴想念妈妈，于是和小女孩一起去找约瑟和马利亚。一直找到伯利恒，看到了新生的婴儿耶稣。布莱恩·怀特·史密斯的画将此故事的神圣表达得淋漓尽致。

《小天使安琪》则是以天使的角度，一路寻求天主的旨意，也终于明白了天父将独生爱子耶稣赐给世人的计划。此系列尚有《摇篮里的耶稣》《圣诞颂》《明星引路》《圣诞节的故

《一个圣诞节的故事》 布莱恩·怀特·史密斯／文、图

《小天使安琪》 琳达·帕里／文 艾伦·帕里／图

《摇篮里的耶稣》 琳达·帕里／文 艾伦·帕里／图

事》《伯利恒城的婴孩》等，都是可看可玩的圣诞书。

由于耶稣诞生时，有东方三博士随着明星前往朝拜新生王，他们带着乳香、没药、黄金去献给圣婴耶稣，因此送礼物成了圣诞节很重要的事。送礼不是交换人情，而是要真正地给予，在别人的需要上，付出我们的真情，包括物质、时间、关怀等。《最好的礼物》里，小王子知道父王带了人马要去朝见“和平之君”，他很想跟去，但是父王不许，于是他自己带了最喜欢的三样东西，跟着最亮的星星走。一路上他遇见伤心的小女孩、孤单的老人、生病的男孩，分别将球、故事书和小狗送给了他们。到了马槽，他觉得很不好意思，因为他已经没有礼物可以送给新生王了。但是马利亚安慰他，并嘉许他已经送了最好的礼物。

谈到礼物，孩子大概就想到圣诞老公公，许多跟圣诞节有关的图画书都提到圣诞老公公，他的“有求必应”形象往往误导孩子，以为圣诞节是予取予求的大好时机，而图画书可以提醒小朋友关怀全世界更多有需要的人，例如《亲爱的圣诞老公公——今年请不要来》。圣诞老人和助手们聚居在城堡中，圣诞节将到，他们忙着为全世界各地的小朋友准备礼物，圣诞老人对于小朋友

《伯利恒城的婴孩》
萨利·欧文／文 约翰·海森／图

《亲爱的圣诞老公公——今年请不要来》
迈克尔·特温／文 派翠西亚·德罗／图

《真的有圣诞老公公吗？》

晖峻淑子／文 杉浦范茂／图

索求无度的信件感到厌烦，而萌生退休念头。幸好他读到一封特别的信，原来有一些小朋友想到世界上还有许多更需要圣诞老人的人，因此请他今年不要送他们礼物，而要帮助别的孩子、老人和动物。圣诞老人深受感动，于是造访了一些贫困地区，为他们解决问题，也体会到：最好的礼物就是你自己！

对孩子来说，不管圣诞老人是真是假，圣诞老人所带来的欢乐是很难抗拒的。因此在《真的有圣诞老公公吗？》中，孩子与父母对谈，问了许多父母都被问过的问题，例如：他怎么知道我喜欢什么东西？他为什么要等我们睡了才来？他为什么不给爸爸妈妈礼物？圣诞老公公在夏天做什么？圣诞老公公怎么不会死？他在一个晚上怎能跑遍全世界？他怎么会有那么多礼物？也都有令人会心的妙答。

《奇妙的耶诞街车》则让圣诞老公公和爸爸的身份重叠，多少“暴露”真相。汤姆的爸爸是街车司机，圣诞节将至，他装扮成圣诞老人开着耶诞街车载小朋友，但是想搭车的小孩太多了，得等好久才轮到。汤姆为了要常搭耶诞街车，打扮成小圣诞老人，就不用跟其他小孩排队轮流了，结果妹妹也如法炮制。汤姆不忍心朋友搭不上车，不断地法外开恩，制造更多“特权阶级”，爸爸只好阻止他，因为光是小圣诞老人就占了太多位子了，别的小孩一位难求。后来爸爸答应开一班专车，只载这些小圣诞老人。

不管如何，圣诞老公公教的课是“分享”，例如《不一样的圣诞节》中，描述圣诞夜，驯鹿抱怨工作太辛苦，自行放假，圣诞老公公只好招兵买马，请毛驴、骆驼、大象、兔子、火龙、狮子来拉雪橇。由于拉雪橇不是它们的“专业”，一路上险象环生，虽然化险为夷，但也疲累不堪。驯鹿为了弥补自己的失职，回来准备食物给大家吃，等圣诞老公公和动物们回来的时候，共享丰盛的大餐。

《北极特快车》则是将孩子带到一个想象的极致，也点出一些哲理。书中的主角希望自己能去北极看一看，果真就搭上北极特快车，到了北极，看到许多圣诞老人。他要了一颗银铃，却在回家途中丢了。圣诞节早上，他收到失而复得的银铃，奇妙的是别人都听不见铃声，只有他知道：银铃永远为相信它的人而响。有人觉得这本书太深了，其实它成为经典绝非偶然。好的图画书可以给我们很大的空间，需要我们随着年龄和经历的增长，而有更深刻的体会，就像圣诞节的意义一样。

《北极特快车》
克里斯·范·奥斯伯格/文、图

第四篇 人际篇

《我不知道我是谁》
布莱克／文 舍夫勒／图

自我形象

图画书像一面镜子，每个人阅读的时候，总会在里面看到一些“似曾相识”的性格，有时候看到别人，有时候看到自己。

自我概念则像是一副眼镜，我们如何看待人是透过这副眼镜的。有自知之明的人比较容易接纳自己，也较能尊重别人。健康的自我概念要从小开始培养，因为人在成长过程中往往“过度地社会化”，学会太多的掩饰、包装，逐渐看不清自己，也忘了自己原先的面目。

传统的故事中常将小孩的角色设定在圣人（非常乖的模范生）和坏蛋（非常坏的捣蛋鬼）两个极端，不容易让小读者有认同感，更遑论从中体会到认识自我的重要。我们教育主张的是“舜何人也，予何人也，有为者亦若是”或是“爱拼才会赢”，很少强调人的独特性和尊贵的本质。因此当我看到以“认识自我”为主题的图画书时，就会心动不已。

幼儿的自我概念多半来自别人对他的评价，但是随着年岁增长，我们对自己的认识往往也停留在外人的评价中。在《我不知道我是谁》中，达利 B 原不知道自己是什么动物。它学别的动物生活，但是它不懂自己的脚为什么那么大。一天，森林里来了洁西D，所有的兔子都吓得躲起来，达利B却不知危险将至，还傻乎乎地跟洁西D搭讪。在对谈中才知道自己是兔子，却差一点被黄鼠狼洁西D吃掉，幸亏大脚一踢，自救一命。大家欢呼说：“达利B，你是英雄！”达利B说：“啊？真好笑，我还以为我是兔子呢！”在为达利B的憨相开怀大笑之时，我也感受到一丝欣慰，觉得达利B有智慧，没有沉醉在英雄崇拜中，真是幸运。

有些书则鼓励孩子多发挥自己的能力，以得到别人的肯定，例如《小黑鸟》，讲述一只黑漆漆的小鸟自述其自我否定到自我肯定的经过，它自认不起眼，很寂寞，自艾自怜。后来家人因颜色太美而被抓，它趁黑夜人家看不到它，偷开笼门，释放它们，从此赢得大家的喜欢和信任。虽然故事看似反败为胜，鼓励孩子发挥己力，总会被别人尊敬，但是要小心不过度强调“爱是要换取的”，因为孩子也需要“无条件的爱”。

《小黑鸟》
赫尔嘉·嘉勒／文、图

另外一只有趣的黑鸟是《乌鸦宝宝》。小乌鸦一家都很会唱歌，只有它唱不出来，后来爷爷发现原来它的喉咙卡了一粒樱桃，取出樱桃后它整天唱个不停，家人嫌它吵，宁愿樱桃再卡回去。这个故事让我想到许多被大人莫衷一是改来改去的小孩，尤其乌鸦宝宝那逗人又无辜的表

《乌鸦宝宝》
约翰·A.罗／文、图

情，令人印象深刻。

孩子年纪小，只能当孩子，但是大人会对他的未来寄予期望，他对未来也会有些憧憬。在《阿布，你长大要做什么？》中，妈妈希望阿布当小提琴家，爸爸希望他当计算机天才，姐姐希望他当舞蹈家，哥哥希望他当拳击手，叔叔要他当骑师，婶婶要他当艺术家，兽医认为他该当司令官，推销员则建议他当律师，最后阿布宣称他要当一个世界上最平凡的小孩。

当然，人偶尔会厌倦当自己，也会羡慕别人，在《如果我不是河马》中，河马司图皮原本是只快乐的河马。一天，它突然不喜欢自己，不想再当笨重、光秃秃的河马。美丽的花儿以神奇的香气，帮助司图皮达成愿望。但是司图皮终于了解，不管自己变成蝴蝶、鸟或是鱼，还是有烦恼，只有肯定自己才会幸福。它找回了自信，又是只快乐的河马了。

《阿力和发条老鼠》（简体中文版名为《亚历山大和发条老鼠》）中，阿力不愿做一只人人讨厌的普通老鼠，它希望像小威那样，做一只受人宠爱的“发条老鼠”，直到有一天它发现小威被扔到垃圾堆里，才将原本要把自己变成发条老鼠的愿望，使用在将发条老鼠变成普通老鼠上。

《神奇变身水》更是这一类书中最能将这种

《阿布，你长大要做什么？》 珍妮·威利斯／文 玛丽·里斯／图

《阿力和发条老鼠》 李欧·李奥尼／文、图

《神奇变身水》 杰克·肯特／文、图

矛盾心情表达得透彻的。小老鼠不想当自己，去巫师那儿要变身水，巫师给它一瓶没有标签的药水，小老鼠想象自己变成别的动物，最后发现自己还是当老鼠比较合适。当它将变身水还给巫师时，巫师发现它变快乐了。从此镇上的人不喜欢当自己时，就去向巫师买一瓶神奇变身水。而且只要不打开，就会有效。

自我肯定是一段持续的探索过程，从认识自己到自我肯定，是一段漫长的路，其中的转折耐人寻味，图画书是处理这严肃主题的轻松媒介。

爸爸

在学术研究上，谈到父母亲的角色时常会提到“工具性”和“情感性”。工具性的角色是指父母扮演领导、执行决策、管理监督等倾向技术层面的角色，包括职业家计、代表家庭、解决问题、领导活动、订定常规、协助学习、餐食照顾、生活照料、环境整理、修缮工作等等。而情感性的角色指父母借由言语、活动及身体接触以表达情感，提供情绪满足的角色，包括陪伴孩子、经验分享、倾听回馈、赞美鼓励、表达亲密、幽默风趣、安抚情绪等。

《爸爸，你爱我吗？》 史蒂芬·迈克尔·金/文、图

《爸爸！》 菲利普·科朗坦/文、图

在传统社会里，由于男女分工较清楚，父亲通常是维持生计的“尊、外、刚”角色，而母亲是持家育儿的“卑、内、柔”角色，也就是男主外、女主内。但是随着职业妇女的增加，双薪家庭渐多，这种角色的扮演就有了更多的弹性空间，也需要更多的学习，才能胜任。

虽然角色的反省和调整是必然的趋势，但是只有少数父亲担起育儿重任，如江儿先生在他的书《7－ELEVEN奶爸》中主张，将全职家庭主夫当成享受，将照顾、陪伴儿子视为天职，他的选择或许也让一些男人很羡慕，但是有勇气为所当为的人毕竟是少数。大多数的现代父亲只能试着不要太严肃，工作之余带孩子去玩玩，就算比自己的老爸进步了。

而最苦的是那些明知该减少工具性角色的成分、多一些情感性角色的父亲，但是——有口难言啊！有的傻老爸就更辛勤工作，以为如果多赚些钱，就可以让孩子知道父亲的付出，并体会父亲的爱。然而忙碌、疲惫的他，回到家已经是缺电状态了，孩子大概要到“子欲养而亲不待”时，才能了解父亲的苦衷了。

在以爸爸为主角的童书中，父亲到底是个什么样的角色？在《爸爸，你爱我吗？》里，一开始我们看到爸爸居然爱盒子如命，各式各样的

盒子他都爱，直教人担心他会玩物丧志。但是他用盒子来跟孩子玩，玩得那么尽兴，也不是为了神圣的教育目的，（盒子可以用来教空间、大小、长短、轻重等概念）他只是单纯地分享他的最爱。

盒子是他传递爱的媒介。他爱盒子，或许是因为那是父子可以一起使用、一起创作、一起游戏的东西。因为这样，所以他无视于别人的闲言闲语，专心一意用他心爱的盒子，向他挚爱的儿子表达“我爱你”。

我们的家也许不适合装那么多盒子，但是我们可以像那个爱盒子的男人一样，用图画书来向孩子表达深切的爱，跟孩子一起看图画书，将好的图画书和心爱的孩子分享。当父亲的可以理直气壮地欣赏图画书，而孩子也可以欣赏父亲情感性的角色。当他长大后，他会是一个很好的男人／女人，而且，很可能也是一位很会表达爱的好爸爸／妈妈。

童书中也可以看到爸爸还是有保护功能的，所以孩子委屈时找妈妈，害怕时找爸爸，在《爸爸！》里，小妖怪和小男孩同时大叫爸爸，他们发现床上有一个男孩／妖怪。但是他们的爸妈都说，他们因为吃得太饱，所以才做噩梦。

《月下看猫头鹰》描写一对父女在冬夜相

《月下看猫头鹰》
尤伦／文　秀能／图

《大猩猩》
安东尼·布朗／文、图

伴去林中看猫头鹰的深刻经验，令人荡气回肠。《大猩猩》中的父女则反映现代人的忙碌与冷漠。女儿喜欢大猩猩，父亲说他没时间带她去动物园，结果玩偶猩猩变成大猩猩，取代了父亲的角色，他们一起去夜游动物园。

虽然实际上有许多父亲已经担起照顾孩子的责任，也开始懂得享受与孩子一同成长的乐趣，但是童书中的父亲角色仍远少于母亲。根据台湾师范大学研究生洪慧芬的硕士论文《幼儿图画书中父亲及母亲角色之内容分析研究》，童书中的父亲多屈居“配角”，也难怪在孩子长大后记得的、歌颂的都是母亲的伟大，父亲在喊冤之际，是否也该检讨一下自己在孩子生活中的出席率？

妈妈

比起另一半来，母亲在家庭中的角色的确显得更不可或缺。父亲若出差，生活照常，但若母亲罢工，生活可就失去重心了。

生活中的母亲常常也是工作家庭两头忙，但是童书中仍较强调母亲的“情感性角色”，例如表达亲密、陪孩子、鼓励、安抚、分享、倾听等等。

《逃家小兔》 玛格丽特·布朗／文 克莱门特·赫德／图

《小猫头鹰》 马丁·沃德尔／文 帕特里克·本森／图

童书中母亲在“表达亲密”角色时的出现率最高，例如在《逃家小兔》中，小兔宣布自己要离家出走，妈妈亦步亦趋。她在表达她明白小兔的独立需求，但她会永远是小兔的支持和后盾，她说：“因为你是我的小宝贝呀！”

《小猫头鹰》里三只小猫头鹰夜里找不到妈妈，着急得胡思乱想，妈妈回来了，宝宝们高兴极了，孩子对母亲所流露的依附情感，十分令人会心。

《莎莎采浆果》中，小女孩跟着妈妈上山采浆果，玩着玩着，和妈妈越隔越远，同时有熊妈妈和小熊也如此，幸好他们都“失而复得”，高高兴兴地回家。本书对于母女之间的分合有生动的描绘。

当然，也不能净把妈妈描写成完美的角色，孩子再怎么爱妈妈，他还是会比较自己的妈妈和别人的妈妈。《我的妈妈真麻烦》中，小男孩有个酗酒的爸爸以及常让他感到困扰、跟别人很不一样的妈妈。在一次意外灾难中，妈妈终于有机会发挥所长，让大家认识到她和其他的妈妈一样善良、爱孩子、想要被看重。

也有的妈妈累坏了，家人又不懂得体谅。《朱家故事》中的妈妈长年累月做家事，先生小孩都被宠得像猪，于是妈妈离家出走，使得父子

《莎莎采浆果》
罗伯特·麦克洛斯基／文、图

《我的妈妈真麻烦》
巴贝特·科尔／文、图

《朱家故事》
安东尼·布朗／文、图

《小蟾蜍的摇篮歌》 薇薇安·弗伦奇／文、图

《莫理斯的妙妙袋》 罗斯玛丽·威尔斯／文、图

体会到家事原来是“大家的事”。

不管如何，重要的是孩子最想要的还是一个忠于自我的母亲，《小蟾蜍的摇篮歌》里，蟾蜍妈妈无论学鸭子嘎嘎叫，还是绵羊的咩咩叫，都无法让小蟾蜍早点入睡。可怜它又唱不出夜莺似的轻柔歌声，最后委屈地哭了。其实，每个宝宝最想听的，就是自己妈妈的摇篮歌呢！

兄弟姐妹

“煮豆燃豆萁，豆在釜中泣。本是同根生，相煎何太急？”这首流传千古的《七步诗》是中国有名的兄弟之争的例子。

而根据《圣经》记载，人类史上第一件谋杀案也是哥哥杀弟弟。夏娃生了该隐和埃布尔，该隐是种地的，埃布尔是牧羊的。有一天该隐拿地里的出产为供物献给上帝，埃布尔也将他羊群中头生的羊和羊的脂油献上，上帝看中了弟弟和他的供物，哥哥就生气了。兄弟二人在田间说话，哥哥就杀了弟弟。在《浪子回头》的故事中，哥哥本来是很顾家的，但是当弟弟回心转意而归家时，父亲欣喜万分，哥哥却愤愤不平，气得不肯进屋里。

可见手足之间兄友弟恭并不是容易的。因此有必要想想兄弟姐妹之间的关系要如何形成，才能了解为何手足之间有些微妙的情结。

哥哥姐姐不好当，当弟弟妹妹的也有苦衷，例如《莫理斯的妙妙袋》。小莫理斯排行老四，哥哥姐姐都可以交换东西玩，只有他最小，大家都不理睬他。后来他找到一个隐形妙妙袋，钻进去后家人就看不到他了，他自得其乐。

《唉，小杰》
英加·摩尔／文、图

《唉，小杰》中的兔子小杰是老小，比起其他家人显得笨手笨脚，它想帮忙，却越帮越忙，家人总是说：“唉，小杰！”后来爷爷终于找到它可以胜任的事，而且小杰发现长得小才可以坐在爷爷的膝盖上听故事。

《小帝奇》
帕特·赫钦斯／文、图

《小麻烦波利》中，兔子波利闯了不少祸，虽然不是故意的，但是光说道歉是不够的，于是它要修好姐姐的玩具，帮哥哥挖地洞，不能和朋友去玩。虽然又忙又累，但是妈妈的一个亲吻，可以纾解孩子的委屈。

《小宝宝》
吕蔼玲／文　董大山／图

《小帝奇》中，小帝奇是小不点儿，他玩的风筝、骑的三轮车、吹的笛子，都比哥哥姐姐的小，跑得也比他们慢。哥哥有铁锹，姐姐有花盆，而他有一粒种子，种下后就长大了。

当然，手足之间不一定都那么对立，有了兄弟姐妹就有玩伴。例如，《小宝宝》里的小男孩

就很盼望当哥哥，也对自己的新角色有所盼望和期许。《小象欧利找弟弟》刻画孩子渴望有同伴的心情，《大姐姐和小妹妹》中，大姐姐时时刻刻照顾小妹妹，什么事都处理得好好的。但是，一天妹妹听烦了姐姐的唠叨，想要单独静一静，偷偷溜出家门，躲进草丛里。大姐姐找不到她就哭了。《穿过隧道》（注：中文简体版名为《隧道》）中，哥哥顽皮好动，妹妹胆小文静。一天，他们又在吵架，妈妈气得叫他们出去和平解决。他们来到一个隧道前，哥哥钻进去探险，妹妹不敢。但妹妹等了很久，不见哥哥出来，于是她也进了隧道，救出变成石块的哥哥。

《小象欧利找弟弟》 伯尼·鲍斯／文 汉斯·比尔／图

《穿过隧道》 安东尼·布朗／文、图

老大

在传统的中国婚姻里，传宗接代是最主要的目的，结婚是为了延续种族是数千年来中国人所深信不疑的，因此有“不孝有三，无后为大”及“多子多孙多福气”的说法，早生贵子或瓜瓞绵绵也是人们熟知惯用的祝贺辞，每对新人结婚，旁人关心的似乎不是他们彼此生活上适应得如何，而是“什么时候要生啦？”“怎么还不生啊？”

因此，大部分的长子或长女都是在亲族的盼望及期待中降生，不但夫妻放下心理负担，旁人也松了一口气："还好他们没有问题！"长子或长女加入一个家庭使父母的身份改变，甚至地位提高，所以我们不难理解老大在家庭中受重视自古已然。

即使在现代社会的小家庭中，老大的来临带给父母的兴奋、喜悦、骄傲、挫折、焦虑、紧张等，也都是那么刻骨铭心。在所有子女中，长子或长女的社会化历程受父母影响最深，而父母的社会化历程也受第一个孩子的影响最大。长子或长女通常是第一个教父母"为人父母是怎么一回事"以及"孩子是什么"的人。他提供各种经验给父母，让父母体会到孩子成长过程中的改变及发展，让父母学着扮演父母的角色。而他也是父母的第一个"实验对象"。父母的要求、想法、期望、态度、价值观等，会很强烈地放在他身上，企图"塑造"他，因此老大往往受到较多压抑，个性较拘谨、保守，但也最有责任感。

而老二就比老大多了一个模仿认同的对象，且父母在有了第一次育儿经验之后，比较不会花全副精神去调教老二，又有老大首当其冲，所以老二来自父母的压力较小。但是老二有老大为争宠对象，模仿老大却又无法超越老大，这是当老二的苦恼。由于这种社会化的历程，老二通常有与老大不同的性格及行为，往往引得父母更爱比较：“奇怪，以前老大那样，怎么老二却这样？”如此无心的比较，使老大与老二之间更难克服原本的竞争。

此外，双生子家庭的问题可能更复杂，老大和老二由不同的人照顾，也许是祖父母和外公外婆，或是不同的保姆，而培养出不同的生活习惯和思考方式，而且在幼儿的心目中，“住在一起共同生活”才是家人，因此，要求老大和老二和睦相处更是困难重重。在父母心中，他们都是自家人，在孩子心中，彼此不但是外人，更是“不想要又不能不要”的竞争对手，如何教他们相亲相爱呢？

在过去，老二和老大“对峙”的情况可能持续不久，老三的来临往往使他们化敌为友，但是如今许多夫妻的理想子女数是两个，这个问题就更值得我们注意了。不要以为老大“应该”知道要爱护弟妹，老二“应该”懂得要服从兄姐，那是大人一厢情愿的想法，最重要的还是父母“应该”有所准备，别让老大在措手不及的情况下，发现他“必须”接纳“第四者”，那滋味可不好受啊！

谈到老大的心情的童书有些很不错的，例如

《班班的地盘》，弟弟的婴儿床搬进班班的房间后，班班觉得他需要去找一个自己可以独处的地方。他找遍家中上上下下，最后在车库的小角落建立了自己的地盘。安顿好后，班班总是觉得不对劲儿，找谁来陪都无法如愿。《小玫的宝宝》中，妈妈在照顾宝宝，小玫则模仿妈妈的照顾行为照顾她的两个玩偶，也说出自己的心声，到最后，妈妈终于有空陪她了。

《小熊宝宝来了》描写小宝宝出生后，亲朋来看宝宝，带来各式各样的玩具熊，小男孩也借着为这些小熊宝宝安排位置，找到自己在家中的新位置。

《我真的好爱你》里，可爱的无尾熊路路在妈妈生了小宝宝后，担心自己失宠，努力练习各种运动，希望在运动会中得到冠军，赢回妈妈的爱，虽然它没得到第一名，妈妈还是搂着它说："路路，我真的好爱你！"

《彼得的椅子》中，彼得的妈妈生了妹妹，彼得觉得被冷落，爸爸又要将他的小床漆成粉红色给妹妹使用，彼得十分委屈，决定带着他的小椅子离家出走。后来他发现椅子太小，坐不下了，才帮着爸爸将椅子漆成粉红色，迎接妹妹的加入。

《我也要背背》写小鼬儿非常羡慕小男孩被

《班班的地盘》
珍妮·蒂瑟林顿／文、图

《小熊宝宝来了》
马丁·沃德尔／文 彭妮·戴尔／图

《彼得的椅子》
艾兹拉·杰克·季兹／文、图

妈妈背着。可是妈妈忙着照顾小弟弟，小鼬儿很寂寞，觉得妈妈不爱它了。《我希望我的弟弟是只狗》则是写小哥哥觉得弟弟很烦，碍手碍脚，私心希望弟弟是只狗，当然，最后还是发现有弟弟也不错。《小小大姐姐》中，大姐姐从妈妈怀孕开始就充满好奇与期待，等宝宝出生后，因为不能一起玩而失望、忌妒，但随着婴儿长大，来自小弟弟的崇拜使大姐姐感到神气和骄傲，虽然二人还是会抢玩具、打架，但也会和好、互相安慰，亲密地一起长大。

祖孙

三代同堂在中国一直是老人向往的一种家庭形态，但是在现代社会里要含饴弄孙越来越困难了，因此孩子与祖父母或外公外婆相处的时间也不多，要培养浓厚的感情还真得借助父母的教导呢！

当然也有一些孩子因父母均需要上班或已离异，无法照顾，要和爷爷奶奶住一段时间，但通常是在婴幼儿时期，到了上幼儿园的年纪就带回父母身边了。有时因教养观念的不同，老中两代还会有点心结，造成孩子的无所适从。

《我也要背背》 原道夫／文、图

《我希望我的弟弟是只狗》 卡罗尔·希尔兹／文 保罗·米歇尔／图

《小小大姐姐》 安·罗莎琳德／文、图不管如何，爷爷奶奶在孩子生命中仍是十分重要的角色，不只是基因遗传的微妙感情，更有生活智慧的传承。老人家看孙子时已无当年年轻时看孩子的那份焦虑，因此难免骄宠放纵，往好处想是多了一份包容和接纳，这是孩子极需而父母又往往无法给的。

有关祖孙关系的童书有些很感人，例如《我最喜欢爷爷》中，男孩与爷爷本来分住两地，奶奶去世后，爷爷搬来同住，祖孙之间由陌生到熟稔，建立了默契与感情。爷爷因生活习惯、居家环境的差异而决意返乡，重新过独居生活。男孩依依不舍，说出“我最喜欢爷爷”的心声。

《汤姆爷爷》的故事则说到全市的老人都被捉进养老院，孩子们想念爷爷奶奶，于是发挥创意，做出千奇百怪的飞行器，到养老院去拯救爷爷奶奶。《外公的家》里，珍珍第一次到乡下外公家玩，但外公家又旧又小，还养着一群不友善的动物，珍珍既害怕又失望。但是经过几天的相处，她爱上了外公的家，外公是她最好的朋友。

孩子会在老人家身上看到很多岁月的痕迹，例如《跟着爷爷看》中，爷爷的眼睛虽然看不见，却可以借助其他感官，和孙子分享丰富的生命经验。而《山中旧事》里，作者叙述了小时候和爷爷奶奶住在美国西弗吉尼亚州阿巴拉契亚山

《汤姆爷爷》
史提凡·查吾尔／文、图

《跟着爷爷看》
帕特里夏·麦克拉伦克／文
黛博拉·雷／图

《山中旧事》
辛西亚·劳伦特／文
戴安娜·古德／图

里的生活。当时生活困苦，但外公外婆的爱满足了作者的心，也给了她多彩丰富的山中岁月。

《爷爷一定有办法》中的爷爷在孙子眼中是一座能无中生有的宝山，老人家惜物的美德及应变的创意织成祖孙之间一段感人的温馨故事。

《像新的一样好》里的爷爷帮孙子修理大玩具熊，孙子感动之余说出：“它比新的更棒呢！”“你是最会修东西的爷爷了！”

《外公》则表现了小女孩与外公之间的特别情谊。该书以对话方式，表现出女孩的天真与外公的慈祥，即使是最后外公病故的日子，在女孩记忆中仍是彼此相处的美好时刻。

写到这里，我发现童书中的爷爷比奶奶出现率高，奶奶、外婆们，加油啦！

《爷爷一定有办法》 菲比·吉尔曼／文、图

《像新的一样好》 芭芭拉·弗里德里克／文 佩兴斯·布鲁斯特／图

《外公》 约翰·伯明翰／文、图

邻居/小区

所谓“敦亲睦邻”“远亲不如近邻”，在中国人的心目中，邻居和亲戚是同等的。亲戚是指有血缘或姻亲关系的人，邻居则是指“住在附近的人”，以现今的情况，就是住在同一个小区、分享及共享相同资源的人。

邻居的生活与我们息息相关，上同一个菜市

场、同一家便利商店、同一所学校，搭同一路公交车。拥挤一点的地方甚至“一家烤肉三家香，一家点灯三家亮”。

我们与邻居即使不是荣辱与共，至少安危相关，但在都会区里邻里关系却是最被忽略的。大厦和公寓林立，同一屋顶下的人却互不相识，实在可怜，比起古人“我住长江头，君住长江尾，日日思君不见君，共饮长江水”的意境真是差了很多。

幸亏有孩子当“外交官”，孩子在“眉来眼去”之后很容易交上朋友，许多大人也因孩子间的交往而彼此相识，在一起谈谈孩子，减少一些陌生的尴尬。当然，教孩子做个好邻居，友谊才能持久。例如《我的邻居是空中飞人》中，费家搬来时，邻居都说他们很奇怪，巴比对费家很好奇，父母也鼓励他去认识这家人。巴比每天回家都夸张地形容这家人，当然，最后他喜欢上了新邻居。

《孩子们的桥》故事里，左右河岸住着两户农家，两家的大人时常隔着河对骂。可是他们的孩子却每天坐在河中的大石头上说话、聊天。一天，一场大雨淹没了孩子们的桥，他们不再快乐，大人才发现这个秘密，也决定再搭起这座友谊的桥。

《我的邻居是空中飞人》

英格丽·斯莱德／文、图

这一类的童书以猫头鹰当主角蛮适合的，因为猫头鹰昼寝夜醒，作息与多数林中的邻居相反，会不会互相干扰呢？《猫头鹰和啄木鸟》中，猫头鹰和啄木鸟住在相邻的两棵树上，但是作息的时间正好相反，互相干扰。在一次危急事件中，它们终于体会到相互尊重和容忍的重要性。而《晚安，猫头鹰》写的是，白天猫头鹰想睡觉，可是蜜蜂嗡嗡，松鼠喀嚓，乌鸦嘎嘎，吵得它睡不着。夜深人静时，猫头鹰忽然睁开眼睛，朝着月亮扯开了喉咙。对遥远的人我们比较容易付出关心，而对“生活共同体”，由于习惯、标准、要求的不同，常会有利益上的冲突，日积月累，反目成仇。

《猫头鹰和啄木鸟》
布莱恩·瓦尔德史密斯／文、图

《晚安，猫头鹰》
佩特·哈群斯／文、图

朋友

“在家靠父母，出外靠朋友”常是大人用来教导孩子要好好对待朋友的忠言，话虽没错，但容易让人误以为交朋友的目的是为了有人可靠。我们爱父母并不是因为我们需要依赖父母，交朋友也不见得有那么现实的目的。

或许是因为现代家庭中孩子少了，特别需要向外找同伴，有些孩子因为不懂交友之道，常因交友时不得其法而心理受伤，因此还是需要提供一些书给他们看，帮助他们伸出友谊之手。

友谊的第一步是“友善的态度”，就像《我喜欢你》这本散文图画书中说的，“我喜欢你，而且我知道为什么……”接着叙述许多二人的情谊，例如：因为当我告诉你一件特别的事，你就知道它是特别的，而且你会记得很久很久，你说，记得吗？你以前告诉我那件特别的事，这样，我们两个就都记得……

《青蛙和蟾蜍》是友谊之作的上乘之选，共有四本（《好朋友》《好伙伴》《快乐年年》《快乐时光》），每本包括五个故事。写青蛙和蟾蜍这对外表相似而个性迥异的好朋友，它们常为对方着想，共享成长的点点滴滴和生活的欢乐与悲伤，让读者既感动又会心。《小老虎和小熊》也是写了两个好朋友，共有五本（《巴拿马》《走，我们寻宝去》《小老虎，你的信》《小猪，你好》《我会把你医好的》）。对幼儿来说，字数稍多，但是若大人念给孩子听，孩子很能享受小熊和小老虎之间纯真的友情。《乔治和马莎》则写了一对河马，短短的故事中有令人会心的互动。

尊重对方的意愿是交朋友很重要的态度，《和我玩好吗？》写了一个小女孩和林中小动物

《我喜欢你》
桑德尔·斯托达德·沃伯格／文
杰奎琳·瓦斯特／图

《青蛙和蟾蜍》
艾诺·洛贝尔／文、图

《小老虎和小熊》
雅诺什／文、图

的安静对话。在前半段中，小女孩追着每只小动物问：“和我玩好吗？”小动物们总是一言不发地就跑掉了。然而当小女孩静静地坐在石头上，不再骚扰小动物时，它们却慢慢地接近她，和她成为了朋友。

尊重包括尊重对方的生活方式，例如《鸟和鱼》中，鸟和鱼是好朋友，一个在天上，一个在水中，它们很想过过对方的生活。后来仙女让它们如愿，它们发现还是想回到自己原先的生活环境，而它们仍是好朋友。《好朋友》故事中，公鸡、小老鼠、小猪三个是好朋友，在一起骑单车、捉迷藏、扮海盗，甚至到了晚上，它们也想睡在一起，可是它们却找不到适合三人都能睡觉的窝。后来它们终于体会到，好朋友不必做什么都在一起。

相处就有可能产生摩擦，例如《我最讨厌你了》中，约翰和吉姆吵架了，约翰越想越讨厌吉姆，想起很多不愉快的相处经验和愉快的相处时光，决定去找吉姆， 二人相见宣布绝交后，却又立即握手言和。这是很多小孩的绝交经验，对他们来说，友谊是可以“置之死地而后生”的。《我和小凯绝交了》中，男孩和小凯起摩擦，既想继续和他玩，又不想让对方占便宜，于是想象种种小凯的不是，也怀念以前要好的情形，终于

《乔治和马莎》
詹姆斯·马歇尔／文、图

《我最讨厌你了》
珍妮丝·梅·尤迪／文
莫里斯·森达克／图

《我和小凯绝交了》
马乔里／文 托尼／图

想出一个理由，再回去找小凯玩。

《打勾勾》描写两个朋友相约下午3点33分33秒在公园见，却都苦等无人，差点误会，原来他们各自想的是自己家旁边的公园。

很多时候好朋友是互补的，《麦克的水手朋友》中，麦克很胆小，他怕蜘蛛和老鼠，还怕小朋友嘲笑他不会吊单杠，但是他有一个水手朋友帮助他、照顾他、鼓励他，使他变得勇敢。

朋友是人际关系中很重要的一环，父母应该教孩子学会建立社会关系，却不要让他以为朋友是万能的。他对朋友太依赖、太看重的话，很容易伤害别人和自己。

《打勾勾》
高田桂子／文 杉浦范茂／图

亲戚

亲戚到底是不是一家人？不一定！

有的亲戚几年才见一次面，孩子几乎不认识他们；有的亲戚则常有联系，孩子会有些印象；有的亲戚常来往，甚至住在附近，那可能就更亲了。

现代家庭孩子少，有的父母会将堂表亲都并入计算，以壮声势，所以若听孩子说“我有五个哥哥，四个姐姐”，不必大吃一惊，让孩子自幼建立“亲戚网”没什么不好。

有关亲戚的童书不多，例如《亲朋自远方来》将亲友相聚的欢乐描写得很尽兴。

《小恩的秘密花园》
萨特·斯图尔特／文 大卫·斯莫尔／图

《小恩的秘密花园》里，小恩因家境困难，必须到舅舅家住一段时间。舅舅外表严肃，但是小恩本着善良乐观的性格，在屋顶偷偷搞了一个花园，并在生日当天带舅舅到屋顶上去看百花盛开的花园。借着小恩写的信，我们看到了孩子的纯真以及她对亲人的关切。

其实亲戚也是人际关系中重要的一环，他不像家人那么朝夕相处，也不像朋友那样可以选择，但是必要时一定可以扯出一大串，例如：大姑妈儿子的岳母的弟弟的小姨子，台湾地小人稠，在街上遇到的任何人，只要你有耐心去牵扯，应该都可以拉出一些关系，都是亲戚，只是远近而已。

少数民族

“物竞天择，适者生存”是进化论的主要论证，也是20世纪人类的“流行信念”。在人权的观念尚未普及之前，少数民族的命运就很悲惨，他们的文化也不受重视，甚至被刻意贬低和忽略。

好不容易，人类终于有点真正的文明了，人们开始了解到“多数不一定对，少数不一定不好”，文化固然难免有主流，但主流会因非主流的存在而获得均衡，使得整个人类生态更健康，更有生命力。

《小莫那上山》
刘晓蕙／文 温孟威／图

中华民族由汉、满、蒙、回、藏、苗等民族融合而成，汉族文化是主流。在台湾地区，有客家人和高山族，客家人分海风和山风，而高山族也有很多族群。过去当局全面推行“国”语，所有学校使用的教材及考试、升学的方向都是单一标准。这些年里，少数民族的确未受到足够的尊重，如今在民主化过程中，少数民族意识萌生，教育内容也会逐步多元化。

尊重并欣赏少数民族的文化是现代人的素养，所以如果有以不同民族文化为背景的故事书，不妨也提供给孩子，让孩子也能品尝不同的传统和风味。例如《小莫那上山》是以少数民族的生活为背景，让孩子看到另一种成长经验。

各行各业

生病了要看医生，水龙头坏了要找水电师傅，上学可以看到老师，垃圾有垃圾工人搬运，搭公交车有司机……哇，即使不用刻意安排，孩子也可在生活上接触到各行各业的人。

生涯教育是个流行的议题，每个人应自幼就有机会多认识自己的倾向及才能，而且知道社会是由各行各业所组成，每一行业都很重要并且需要有不同才能的人去担任。如此一来，这些生涯的观念就像指南针，在每个人心目中引导着他的学习方向，不致“求学归求学，就业归就业”。

大人要注意不要太迷信自己的价值观而限制了孩子发展的路，世界上没有永远热门的系，也没有绝对吃香的行业。例如公务员，在经济蓬勃时，它很难吸引雄心万丈的人，但在萧条时期，它也许较有保障。重要的是：自己适不适合当公务员？如何做一个出色的公务员？

有趣的是，孩子的发展是由“利己”走向“利人”，但在职业的考虑上却相反，通常幼儿在思考“我长大后要做什么”时，比较以助人的行业为优先，例如医生、护士、老师、救火队员、垃圾工人、警察等等特别需要勇气与爱心的行业，但在长大后考虑的反而是“工作轻松，待遇优厚”的工作，想想实在挺悲哀的！

其实孩子虽小，还是可以让他对自己、对各行各业有些认识，例如《我的爸爸不上班》中，谈到别人的爸爸上班都得出门，为什么我的爸爸

《我的爸爸不上班》 施政廷／文、图

《老鼠阿修的梦》 李欧·李奥尼／文、图

不用上班？原来他是摄影师，他的工作室就在家里。父母可以借此跟孩子谈谈工作的多样性，体会工作的尊严。

童书鼓励孩子尝试找到自己的兴趣，例如《老鼠阿修的梦》中，望子成龙的父母希望阿修将来当医生，但是阿修参观了博物馆的收藏画后，它的志向改变了，它想当一位画家。而《小猫玫瑰》中，玫瑰是关老爷家黑猫中唯一长着红毛的小猫，虽然出身名贵，但是它的生活习惯特立独行，引起猫族的侧目。不料它竟成了有名的摇滚歌手。有一次，它带着孩子们回娘家团聚，结果它的红毛小猫中竟也出了一只特立独行的黑猫。

虽然专门谈职业的童书不多，但是很多书中的人物都有某种职业，在分享的同时，大人也可以利用不同的工作性质，让孩子有素材可以编织他的梦。例如《田鼠阿佛》，在其他田鼠都辛勤收集粮食过冬时，它收集阳光、颜色和字，到了冬天，同伴躲进石墙，阿佛将其收集的东西与其他田鼠分享，因此赢得诗人的美名。《快乐的小蛋糕师傅》则表现出一种正面、积极、乐观的工作态度。

《快乐的小蛋糕师傅》
温孟威／文 刘晓蕙／图

《小猫玫瑰》
皮奥特·维尔康／文
乔瑟夫·维尔康／图

《田鼠阿佛》
李欧·李奥尼／文、图

宠物

人类的社会里往往是“成者为王，败者为寇”，动物的命运则是“幸者为宠物，不幸者为流浪动物”。现代人的生活注重隐私，人与人之间保持适度距离，以减少妥协和摩擦。但是人随时有“亲密关系”的需要，不知什么时刻，会忽然想找个倾听的对象，或是找个“活的、会动的”东西玩玩、抱抱。要找能满足这种需要的人太难了，宠物就填补了这个空缺。

人与人之间的相处很麻烦，一不小心就可能伤到对方的自尊心，造成关系的裂缝。但是小动物没有这种问题，主人心情烦躁，骂骂它，它就识相点，多讨好；主人心情好，赏它一点好处，它也不觉得自己不配。有时它犯错被责骂，垂头丧气，但是一转眼就又开开心心的，你到哪里找如此随和的伴儿？

当宠物得宠的时候，日子可好过了。宠物通常不必工作，唯一的任务就是作伴，主人钱多的话，它就有机会上宠物美容院、宠物健身中心，生病了有宠物医院，主人外出不便同行时就住宠物旅馆，死后还可葬于宠物墓园。有的主人过世，怕宠物得不到照顾，还会给宠物留些遗产。

但是被收养也有风险，一旦失宠，流落街

头，有可能被捕杀，就太悲惨了。许多孩子希望养宠物，父母得趁机教导责任感，否则反而会对不起那些无辜的小动物。

童书可接纳孩子养宠物的渴望，例如《我可以养它吗？》中，阿诺的妈妈忙着做家事，阿诺想养宠物，可是会乱叫、有怪味、会掉毛、吃太多的宠物，妈妈都说不行。阿诺终于找到没有上述问题的朋友小雷当宠物，但是仍不死心地抱着野雉，似乎还在问："我可以养它吗？"

《神秘的蝌蚪》里，叔叔送给路易一只蝌蚪，取名为阿方子。阿方子长得很快，家里容不下它庞大的身躯，只好放在学校的游泳池里。后来发现原来它是只稀有的威尼斯水怪，路易只好请它帮忙寻宝，以收入应付它的大食量。

孩子需要关怀和爱，也要学习付出。《小熊可可》中，可可是玩具熊，它渴望有个家，有人爱，而小丽看上了不太新的它，将它买回家。虽然可可是玩具熊，但是故事中它有生命，就像个宠物。

《我可以养它吗？》
史蒂芬·凯洛格／文、图

《神秘的蝌蚪》
史蒂芬·凯洛格／文、图

《小熊可可》
唐·弗里曼／文、图

第五篇 动物篇

熊

童书中的熊主角非常多，大部分都很可爱。

东方的故事中较少以熊为主角，为什么呢？可能对东方人来说，熊最大的价值就是熊胆和熊掌，都是给人类补身的，当它们有贡献时，通常都已经成为“死熊”了，有什么好说的？但是外国的童书就非常喜欢让熊来担纲。熊可爬，可直立行走，爱吃蜂蜜，冬天爱困，都是孩子能认同的。此外，熊由于身躯庞大，走起路来摇摇摆摆，你不觉得小熊很像小孩子吗？

明星级的熊首推小熊维尼，它的创造者A.A.米尔恩（A.A. Milne）（1882－1956），是英国作家、诗人和剧作家，他的著作繁多，但是小熊维尼使他不朽。《小熊维尼》出版于1926年，灵感来自作者的小儿子的玩具熊，书中其他的动物也都具有独特的性格，胆小的小猪（Piglet），跋扈的兔子（Rabbit），单纯的袋鼠（Kanga），拗嘟嘟的小驴子（Edyore），好动的跳跳虎（Tigger）……经过迪斯尼卡通的广传，孩子们对这些角色大都很熟悉。

另一位明星熊是小北极熊。现实中的北极熊在冰天雪地里生活，白色是它的保护色，但是在图画书中，小北极熊到处玩，不受现实条件的

《小北极熊》 汉斯·比尔／文、图

《小北极熊城市历险记》 汉斯·比尔／文、图

《小北极熊找朋友》 汉斯·比尔／文、图

限制。例如《小北极熊》中，全身雪白的小北极熊一觉醒来，发现自己漂流到海外，来到温暖的森林地带，遇见好心的河马，带着它认识各种新奇有趣的东西。《小北极熊城市历险记》中，小北极熊跑到大海去游泳，不料竟被一张捕鱼的网子拉到船上，因而认识了猫咪。为了帮小北极熊回家，猫咪带它到城里找朋友帮忙，也顺便让它见识了城市风貌。《小北极熊找朋友》中，小北极熊不小心被动物贩卖商抓到了，因而认识了许多患难之交，包括小棕熊和大海象。三人成了朋友，一起从机场逃到海边，再游回北极。

熊很能表现憨的一面，例如《三只小熊》中，三只小熊上山欣赏风景，走到岔路口，各自决定走自己选择的路。第三只小熊始终拿不定主意，一会儿往东，一会儿往西，不敢面对危险，而错过了山顶的美景。而《快乐的小熊》中，小熊也是憨态十足。

童书中的玩具熊更是多得不胜枚举，《大熊哥》系列故事是以一群填充玩偶为主角。《小熊宝宝来了》中也有各式各样的玩具熊。玩具熊玩坏了怎么办？在《玩具熊》中，老人专门捡那些残破而被弃的玩具熊回家修补，赋予它们新生命，并为其一一命名，他真是做到了“爱那不可爱的”，而玩具熊因被珍惜而又变为可爱的。

《快乐的小熊》
渡边茂男／文　大友康夫／图

《大熊哥》
珍妮·希斯／文、图

《小熊宝宝来了》
马丁·沃德尔／文　佩妮·戴尔／图

猪和狼

猪和人类的关系也是够长远的了，但是几乎想不起什么成语和猪有关，猪真是那么名不见经传吗？

日常生活里，猪肉是我们的主要肉类之一，但是有些都市小孩真的是没见过猪走路。人类对猪的成见相当深，嫌它脏、嫌它笨、嫌它懒，却又少不了它。

透过画家独特的眼光，童书中的猪仔形象多半是可爱的，胖而不蠢，憨而不呆，也深受小朋友喜爱。《快乐的婚礼》里有一群欢乐的猪。为了参加婚礼，所有的猪仔都洗得干干净净，开始打扮。它们在身上画上五颜六色的衣服，大家都很开心，大吃大喝后，竟然下了一场大雨，将身上的颜料都冲掉了，它们索性在烂泥中打滚。后来大家都走了，新郎和新娘将谷仓当洞房，而内部的装潢也是它自己画的呢！

故事中最有名的猪就是《三只小猪》了，故事的重复和可预测，使得每个孩子都喜欢反复地听。当然，最重要的是故事的结局是团圆，让孩子很安心。而《小灰狼》则颠覆了“狼欺负猪”的传统，描写一只小灰狼走失，误入猪家，与猪一家四口一起生活。它得做很多家事，直到忍无

《快乐的婚礼》 赫尔姆·海涅／文、图

《小灰狼》 希尔达·奥芬／文、图

《三只小猪的真实故事》 乔恩·谢斯卡／文 莱恩·史密斯／图

可忍，才逃回自己家。《三只小猪的真实故事》则是从狼的角度重述三只小猪的故事，狼变成无辜的受害者，在书中为自己的遗臭万年抱屈，十分滑稽。

猪和狼的冤仇在童书中以各种方式出现，狼要翻身是不容易了，例如《突然！》中小猪虽然历经各种意外的情况，却都能吉“猪”天相，化险为夷。

《突然！》
科林·麦克诺顿／文、图

狗和猫

狗是人类忠实的朋友，很多人都这么说。

有关义犬、忠犬的真实故事很多，狗可以被训练来替人做很多事，除了看门外，它还兼打杂、跑腿，又要提供余兴节目，做一只家犬实在不轻松。有时主人心情不好，骂几句，它也必须默认，不能顶嘴；等主人气消了，它也不记仇，立刻又是一副巴结讨好的模样。因为它的能伸能屈，所以在人类生活中的地位也越来越高。

迪斯尼卡通的《一〇一忠狗》大概是狗故事的经典之作了，画中那些白底黑斑点的大麦町犬真是可爱极了，而且有101只耶！

以狗为主角的书中我最喜欢哈利，《哈利

《哈利的花毛衣》
吉恩·蔡恩／文
玛格丽特·布罗伊·格雷厄姆／图

《好脏的哈利》
吉恩·蔡恩／文
玛格丽特·布罗伊·格雷厄姆／图

的花毛衣》里，顽皮狗哈利想摆脱奶奶送给它的玫瑰花图案的毛衣，不料小鸟衔走了线头，哈利身上的毛衣就一点一点地消失了。所有的人都找不到那件毛衣，最后哈利带领大家在公园里的一棵树上，看到一个玫瑰花纹的鸟巢。《好脏的哈利》中，哈利不爱洗澡，一天它溜到外头玩耍，到了傍晚竟变成了一只有白点的黑狗。为了让主人认出它来，它使出浑身解数，最后还是冲进浴室，请家人帮它洗澡，变回原来的模样。《哈利海边历险记》写哈利和家人去海边玩，它受不了炽热的阳光，到处找地方躲。它走着走着，竟迷路了。海滩上所有的遮阳伞都是横条纹的，它根本找不到主人，它被海浪卷到海里，身上披了海藻，被当成海怪。

《不要吓到狮子》中的狗一心想去动物园看狮子，主人将它打扮成小孩，结果你猜它看到狮子了吗？

喜欢常是一种冲动，爱则需要责任感来完成，许多狗儿受宠时是“天之骄犬”，一旦主人兴致过了，狗儿就成了流浪犬，俗称野狗。《我和我家附近的野狗们》是一本很好的书，将野狗的处境表达得很适切，也提醒我们爱狗就要有一份照顾的责任。

在动物中，猫和人类的生活是相当接近的，

《哈利海边历险记》
吉恩·蔡恩／文
玛格丽特·布罗伊·格雷厄姆／图

《我和我家附近的野狗们》
赖马／文、图

《小猫去散步》
三原佐知子／文、图

却未被列在十二生肖中，传说中是被老鼠所陷害。以前的人养猫来捉老鼠，因为老鼠会咬坏东西、偷吃食物，令人嫌恶，而猫可以帮人除害，又不必喂它吃米粮，猫在家庭中的地位因此而巩固。

现代的猫角色有点转变，一方面现代社会里，家中的老鼠减少了，捕鼠的方式也多了，不太需要猫来“保家卫国”；另一方面，许多猫是吃罐头猫食、玩玩具老鼠长大的，说不定看到真的老鼠还会害怕呢，就甭提捉老鼠的本性了。但是随着现代人的寂寞与人际疏离，猫成了最佳的宠物，它的叫声不如狗吠吵人，稍加训练也能知情达理，比有些家人还要贴心，因此猫儿并未因“工作性质”转换而失宠。孩子听到猫捉老鼠的“传说”，脑海里想到的可能是卡通影片中被老鼠欺负得惨兮兮的可怜猫吧？

猫的顽皮和撒娇很得孩子的认同，图画书中的猫也大都能掌握这样的特性。例如《小猫去散步》中，猫的俏皮和自得其乐令人打心底里喜欢，《咪咪喵》中描绘母猫和小猫们的家居生活，《躲猫猫》里许多动物玩捉迷藏，其中当然一定有猫，否则怎么叫躲猫猫呢？《猫咪你好！》是一本养猫手册，以生动的图文解说猫的习性，很像是“亲职手册”呢！

《咪咪喵》
林焕彰／文 吕游铭／图

《躲猫猫》
岸田衿子／文 大村百合子／图

《猫咪你好！》
沼野正子／文、图

鸡和鸭

鸡是家禽中唯一进入十二生肖榜的。

虽然现在已经很少有人把公鸡的啼叫声当闹钟，但是“闻鸡起舞”的观念仍在，所以孩子也都会背诵：“公鸡喔喔啼，叫我早早起”；而母鸡则下蛋给人吃，所以“杀鸡取卵”的故事也仍流传着。不管公鸡会不会啼，也不管母鸡曾下多少蛋，孵出多少小鸡，鸡比较少能寿终正寝，大部分完成基本任务后就为主人“捐躯”了。因此我们比较少和鸡建立起深厚的感情，倒是鸡常和狗同时出现在成语中，例如：鸡鸣犬吠、鸡鸣狗盗、鸡犬不宁、鸡飞狗跳等等。

以鸡为主角的童书不太多，但是都能体现鸡的趣味。例如《红公鸡》中，红公鸡清晨散步时捡到一个蛋，不忍心蛋受冻，好心地带回农场，请母鸡们帮忙照顾，却遭拒绝，只好回到原处等待。但是这个蛋无人来认领，却遇到饥饿的大蛇，红公鸡唯恐蛋遭不测，只好自己孵蛋，孵来路不明的蛋，它忐忑不安，基于对生命的珍惜与热爱，它完成了此项任务。

《最奇妙的蛋》故事中的三只母鸡常争吵，都说自己最漂亮，吵不出结果，就去找国王评理。国王认为会做什么比长得好不好看来得重

《红公鸡》 王兰／文、张哲铭／图

《最奇妙的蛋》 霍姆·海恩／文、图

要，因此要看谁下的蛋最奇妙，谁就可以当公主。结果它们下的蛋各有特色，国王比不出高下，都让它们当公主，继续生奇妙的蛋。

而《母鸡萝丝去散步》中那只化险为夷、大难不死的母鸡更是令人称绝。《小鸡巧合的故事》则是借着小孩演出接龙的儿歌，呈现台上台下有趣的动态。

鸡同鸭讲表示说不通的意思，显然鸭和鸡同为家禽，但是各从其类。鸭子腿短，走起路来摇摇摆摆，有其逗趣之处。在鸭类中最享誉国际的大概就是唐老鸭了。自从迪斯尼把这只顽皮又聒噪的鸭子介绍给大众后，唐老鸭独领风骚数十年，想想影艺圈中诸多艺人起起落落，唯有这只聒噪的鸭子，比人类还经得起时间的考验，真是令人羡慕。

图画书中最迷人的鸭子应属《让路给小鸭子》中那群招摇在波士顿街头的野鸭子了。它们不但是经典名著的主角，而且被做成铜像，成了波士顿公园的一景。《你看到我的小鸭了吗？》则是在大清早母鸭带着小鸭到池里觅食，偏偏有只顽皮小鸭到处躲藏，母鸭只好边游边问："你看到我的小鸭了吗？"当然，结果是令孩子安心的，所有的小鸭都回到了母鸭身边休息。

《母鸡萝丝去散步》
佩特·哈群斯／文、图

《让路给小鸭子》
罗伯特·麦克洛斯基／文、图

《你看到我的小鸭了吗？》
南茜·塔夫里／文、图

猴

猴子在中外童书中都相当出风头，《西游记》中的孙悟空，迷煞了多少小朋友，而以猴子乔治为主角的“好奇猴乔治”系列图画书，自1941年出版至今，历久不衰。

猴子和小孩子大概有些相似，猴子机灵、好动、顽皮、爱模仿，喜欢吃香蕉和花生。在故事书里，猴子穿上衣服也真是人模人样，所以有“沐猴而冠”一说。

在现实生活中，孩子的表现若像猴子，父母就会很担心了，但是在故事里，孩子却可以欣赏猴子的调皮，好过瘾啊！猴子不像牛马羊，可以提供民生所需，也不像老虎和蛇那么令人害怕，不像老鼠和兔子那么胆小畏缩，以猴子为主角大概蛮适合孩子的心意的。

最有意思的人猴互动故事非《卖帽子》莫属。故事中有个人头上顶着许多帽子，沿街叫卖，走累了，坐在树下小憩。他醒来时，帽子已经都被树上的猴子拿走了。他想了很多方法要回帽子都无效，终于生气地将帽子丢在地上，猴子也仿效，他于是拿回了所有的帽子，继续上路。

马和牛

孩子即使没见过真正的马，对马都不会太陌生，从小可以骑木马、骑竹马、玩骑马打仗游戏，还有，每天坐“马”桶。对孩子来说，马是给人骑的，因为马很壮，又跑得很快。马又像一种车子，因为图片上看的马车都是靠“马力”拉的，所以会“马上”到。

马和牛是难兄难弟，不管是马兄牛弟或是牛兄马弟。例如：牛头马面、牛溲马勃（喻小东西留着也是有用处的）。

虽然马很聪明（老马识途），也很强悍（千军万马、人喊马嘶），也跑得很快（一言既出，驷马难追），对人类很有贡献（汗马功劳），但是人也会欺负马，例如马不知脸长、拍马屁、露出马脚等等。

以马为主角的图书也不多，《马头琴》是蒙古族的故事，叙述了马的忠心以及人与马的一番生死恋。

在农业时代，牛是人们生活中不可或缺的动物。在东方，牛常是苦力，被视为勤劳的象征，所以“做牛做马”是很辛苦的。农业社会的人也因此常感恩，当牛老迈，不能再耕田了，就让它安享晚年，用“苦尽甘来”来形容“牛生”真是

《马头琴》
大冢勇三／文　赤羽末吉／图

《爱花的牛》

曼罗·里夫/文 罗伯特·劳森/图

一点也不夸张。

在西方，耕田的是马，牛则是生来就吃吃睡睡，时候到了就贡献牛肉、牛皮，算是报答主人饲养的辛劳，所以西方人以牛肉为主食。除了斗牛以外，大概没有西方人会把牛和“苦干”的美德联想在一起。

牛在童书中出现的机会并不多，我想是因为牛的个性比较不明显，听说过“牛脾气”，但牛除非被惹得不能不发火，否则发脾气的时候并不多。它有四个胃，每天都忙着反刍，满足那四个胃，哪来时间作怪?

牛很像有些较安静的孩子，在群体中任劳任怨，较不引人注目，也因此易被忽视，但是有时忍无可忍，也会露出“外柔内刚”的“牛脚”。有些孩子你以为是在“对牛弹琴”，其实他都听进去了，说不定心里不以为然，当做“牛对我弹琴”呢!

牛的力气大，所以有“九牛二虎”之说；牛的毛多，所以有“九牛一毛”之说。

以牛为主角的童书最为脍炙人口的就是《爱花的牛》，谈到很久以前在西班牙的草原上有只牛，名叫费迪南德，它最喜欢做的事就是静静地坐在树荫下闻着花的香味。一天，它被误以为是勇猛好斗的牛，而被带到马德里的斗牛场。它不明就里地坐在场中央，闻着花香，竟因“我行我素”躲过斗牛士的挑衅，而能回到家乡的大树下，过着快乐的日子。

《我要牛奶》谈到都市小孩挤牛奶的故事，不论他是拍乳牛的头、喂食物、说笑话、唱歌跳舞、耍有趣的把戏，还是气得大吼大叫，结果都是那句“可是，没有牛奶！”最后，当不耐烦的乳牛踢翻水桶后，小孩终于明白应该怎么做了。

蛇和龙

蛇真是所有动物中最倒霉的了。上帝在古早古早造了伊甸园，人类始祖亚当和夏娃自己不听话，偷吃善恶树的果子惹上帝生气，他们把罪推到蛇身上，蛇就注定了千代万代要在地上以腹爬行。古代有个人在喝水时，墙上弓的影子照在水杯中，他以为是蛇，差一点病死。你瞧，连蛇的影子都可以吓死人呢！直到现代，大多数人还都是谈蛇色变。

说“画龙点睛”表示生动传神，说“画蛇添足”就是多此一举了。

蛇很少出现在故事中，即使连老虎、狮子这般凶猛的兽类都有机会上场。很多人都“相信”

蛇比较狡诈、阴险、狠毒，通常出现了也只能壮烈身亡，如孙叔敖的两头蛇即是。

中国的《白蛇传》即是以白蛇和青蛇为主角，最后的结局也不好。唉！难怪蛇的自我认识也不太好，例如《世界上第一条眼镜蛇》中，小蛇冬冬总觉得别人好，先是装了假脚学走路，接着又想装翅膀学别人飞翔。《蛇偷吃了我的蛋》中，河边来了一条蛇，鼓着圆凸凸的大肚子，原来它偷吃了别人的蛋。

至于龙，虽跟蛇一样是长长的，却被视为尊贵之物。中华民族号称龙的传人，可是没有人看过真正的龙，形状勉强有点像的大概是蛇吧？但龙的地位可比蛇高多了，当人们说“龙蛇杂处”时，龙是高贵的，蛇是卑贱的，所以要“望子成龙”，也盼日后有个“乘龙快婿”。当然，希望孩子把书读好也是期望他能“鲤跃龙门，身价百倍”。因此即使到现代，龙未曾对人类有具体的贡献，却仍有人迷信龙子龙女，也许高贵本来就是虚幻的吧！

在外国的故事里偶尔会出现龙，西方人认为龙是不祥的。大概是以前的武士喜欢编造“屠龙记”，为了表示自己的英勇，所以捏造了龙这种凶恶的猛兽。武士为了保护同胞，奋不顾身，最后把龙杀得片甲不留，尸骨无存。所以从来没有

《世界上第一条眼镜蛇》 汪芸／文 许仙燕／图

《蛇偷吃了我的蛋》 李紫蓉／文 许仙燕／图

活人看过龙，龙却造就了一些英雄。

龙在中国成语中常与虎一起出现，例如龙争虎斗、龙行虎步、龙蟠虎踞、龙兄虎弟，似乎龙和虎都是神勇的。龙也常与凤同时出现，例如攀龙附凤、偷龙转凤等等，只是故事书中很少出现凤。

《武士与龙》中有一条非常棒的龙，故事描写城堡中的武士和附近洞穴中的龙互为假想敌，成天想尽办法要准备向对方挑战。但是真正到了决斗的时候，却发挥不出凶狠的功力，最后在图书馆小姐的建议之下，他们将原来练就的攻击功夫，用来办了个成功的烤肉聚餐。

龙是想象出来的，恐龙却是曾经存在而已经绝迹的，孩子们在博物馆可以看到巨大的恐龙骨架，加上丰富的想象及电影的描绘，很多孩子成了恐龙迷，他们可以分辨出不同的恐龙种类。有关恐龙的书均令孩子着迷，例如《恐龙王国历险记》《如果恐龙回来了》《长颈龙和霹雳龙》《恐龙和垃圾》等。

兔和羊

兔子是小朋友最喜欢的动物之一，一般孩子

《武士与龙》
汤米·狄波拉／文、图

《如果恐龙回来了》
伯纳德·莫斯特／文、图

《恐龙和垃圾》
迈克尔·福尔曼／文、图

《黑兔和白兔》

加斯·威廉斯／文、图

认为兔子很温柔、可爱，可以当宠物。对大人而言，则不怎么同意这样的好感。兔子能吃，所以大便很多，不易保持清洁，他们宁可在童书上欣赏就好。

兔子在故事中多半以柔顺、灵巧的角色出现，兔子的故事里常出现狐狸，不管是“兔死狐悲”，还是“狐死兔悲”，反正都是同类，却是“相煎何太急”。

兔子的故事中最耳熟能详的是龟兔赛跑，原来的龟兔赛跑是出自《伊索寓言》，有很强的教育意义，尤其当大人说给孩子听时，很难不强调“兔子虽跑得快，却大意失荆州；乌龟虽走得慢，却锲而不舍，终于赢得了赛跑”。反过来想想，世间也是这样才公平吧！如果兔子都跑得快又不休息，乌龟就永远没机会赢了，而且兔子也有可能因疲累过度而早死。

以兔子为主角的童书不少，例如《黑兔和白兔》中，黑兔和白兔住在森林里，过着自由自在而且充满野趣的生活。它们吃蒲公英、玩跳马，累了就喝池边清凉的水。一天，黑兔向白兔示爱，在所有动物的祝福下，它们继续着爱的故事。

《唉，小杰！》写一个兔子家庭中，小杰是老小，无法做别人会做的事。幸好在爷爷的体谅和帮助下，他找到自己能帮的忙，也接受了当老小的幸运。《小野兔丁丁》描写丁丁贪玩，结果险象环生，差一点回不了家。

其实兔子在图画书中的角色十分重要，尤以《小兔彼得》为首，作者波特女士很喜欢小动物，书中的小动物就如小孩般淘气、爱冒险。小兔彼得的造型出现在很多孩子的用品上，使孩子更深切地感觉到是跟它生活在一起的。

羊在《圣经》里是蛮重要的角色，基督徒将自己当做羊，耶稣是牧人，我们都是主的羊。所以照顾人们的灵性成长的人称为牧师，而“耶和华是我的牧者，我必不致缺乏……”

羊是给人牧的（十羊九牧比喻官多民少）。苏武被流放到边疆19年，工作也是牧羊，牧羊做什么呢？羊毛、羊皮、羊肉，都是民生用品，所以要照顾好羊。羊大概是很单纯的动物，所以以前有个小孩为了挤羊奶孝敬母亲，披着羊皮混到羊群中假装小羊吃羊奶，母羊居然没发觉。

幸好羊会认牧人的声音，所以即使走丢了，只要肯仔细听，就一定找得回来。

羊和牛、马一样是家畜，但是羊不耕田，也不拉车，因为它身体不如牛和马那么大，力气也不足，所以被视为弱者，常和老虎或狼形成对比，例如：羊入虎口、虎入羊群。至于“放羊的

《小野兔丁丁》
马库斯·菲斯特／文、图

《小兔彼得》
比阿特丽克斯·波特／文、图

孩子”最会叫的就是“狼来了”。

由于外形的可爱、性格的温顺，羊留给孩子的印象是不可怕的，童书中的羊也是如此。例如《蓬蓬、小小和矮矮》写了三只可爱的小羊，一天突然走失了，小牧童伤透了脑筋，千辛万苦才找到它们，并且将它们平安地带回家，表现出人和动物的互动。

《蓬蓬、小小和矮矮》 卡瑞·吉特/文、图

而《小羊和蝴蝶》写小羊和蝴蝶的对话，小羊逐步了解蝴蝶的生活和生命历程。最后它们成为了朋友，小羊也了解到它不能强留蝴蝶在身边。爱是让对方有足够的生存空间。只有建立在尊重上，爱才能持续。

《小羊和蝴蝶》 埃里克·卡尔/文、图

《山羊日拉德》是诺贝尔文学奖得主艾萨克辛格的文章，配上莫里斯·森达克的插画，描写一只母山羊和小主人之间的感情，十分温馨。

虎和鼠

虎和鼠一样，前头都加了一个“老”字，是不是因为它们都有胡须？（可是猫却不叫老猫？）

老虎在童书中出现的机会不少，跟老鼠不同的是：老虎大都代表胆大、凶猛，在成语中出现

“虎”字就是该害怕的意思，例如：虎视眈眈、与虎谋皮、谈虎色变、纵虎归山、骑虎难下、虎啸生风等等，都是威风八面的。在故事里，有时老虎是演坏人，是凶悍的恶霸；有时则演好人，是勇敢的、保护弱小的英雄。

在自然界里，老虎跟我们多数人一样，有时是好人，有时是坏人。在它必须为生存而觅食或保护妻小时，它就会去找比它弱小的动物，这时它是凶恶的、残忍的；但是当它吃饱了，也没感觉到安全受到威胁时，它也不至于去捕杀小动物以当做休闲娱乐，顶多是出来走走，吓吓其他动物，增加一点自信和自尊罢了。

图画书里有许多可爱的老虎。《阿虎开窍了？》中的阿虎却是十分可爱，尤其在其他动物都会而它还不会时，憨态令人爱怜。也让人在它终于开窍时，与它同庆幸。

但是中国人对老虎不太友善呢！《三个坏东西》中，周处除三害，老虎是挨打的。周处为了保护乡民，打死了三害之一的老虎，自己倒是保留小命一条以改过向善。其实他如果能不取虎命而解决问题，就更有保育意识了。

生活中的老鼠真是惹人讨厌的！很少有人“敢”说他喜欢老鼠，因为他怕成为过街老鼠——人人喊打！

《阿虎开窍了？》
罗伯特·卡鲁斯／文
荷西·阿鲁哥／图

《三个坏东西》
奚淞／文、图

虽然鼠是十二生肖之首，日常用到有关老鼠的成语却很少有好话的，例如：獐头鼠目、胆小如鼠、抱头鼠窜、首鼠两端（多疑，像老鼠出洞口，两边张望）、城狐社鼠（仗势作恶的官吏或奸民）、猫鼠同眠（官商勾结）等等。还有你没见过的成语，只要有鼠字，八成是负面的。

但是在故事中，老鼠可是神气得很，那只扬名全球的国际巨星米老鼠不说，以老鼠为主角的卡通还有不少，而且多半是代表被欺压的弱者。但是它凭着聪明及勇气，总是把比它大的动物（尤其是猫）打得抱头“猫”窜。

很多人看到老鼠会尖叫，想到老鼠会起鸡皮疙瘩，甚至听到“老鼠”二字就充满嫌恶感，但是童书画者竟然也能把这些鼠辈画得那么可爱，真是令人费解。

可能的原因之一是孩子能认同老鼠的“小”。舍象取鼠（放弃大利而取小惠）、鼠肝虫臂（形容微小）都是以鼠来描写事物的小。老鼠诚然惹大人讨厌，但从鼠类的角度来看，它不仰赖人的饲养，它自食其力；它周围敌人多，所以它机智；而且万一闯祸被发现，它逃得快！这些不都是孩子所羡慕的吗？

孩子看到老鼠修理猫，可能也获得一些对大欺小报复的快感吧？毕竟在真实生活里，这是不太可能发生的，在故事中实现一下——老鼠万岁！

《老鼠牙医——地嗖头》是以老鼠当聪明的主角，它拒绝为任何会伤害老鼠的动物看牙。一天，狐狸牙疼得受不了，地嗖头只好冒险替它拔牙，却看穿狐狸心怀鬼胎，于是运用计谋，得以“狐口”逃生。

《十四只老鼠和捕鼠先生》中，老太太和老鼠同住一屋。老太太设法找来一只猫，想赶走老鼠，但是猫无功而返。老太太又找来一位捕鼠专家，捕鼠先生和老太太陷入爱河，也和老鼠们达成协议，只要它们安安静静，他就不捕它们。《野餐》是无字图画书，描写老鼠全家出游，途中老小迷路及家人焦急寻找的过程。

《大猫来了》中，老鼠对猫莫名地恐惧，最后了悟到猫只是善意的光临。《老鼠娶新娘》里，老鼠村长有个漂亮的女儿，它想找个全世界最强的女婿。它找了太阳，太阳怕云；又找云，云怕风；找风，风怕墙；找墙，结果发现墙最怕老鼠；村长才发现原来还是老鼠最强。

也有刁钻的老鼠，例如《如果你给老鼠吃饼干》中，老鼠是个麻烦精，可别请它吃饼干哦！因为它吃饼干要配牛奶，还要用吸管，又要用手巾擦嘴，没完没了。

《老鼠牙医——地嗖头》
威廉·史塔克／文、图

《十四只老鼠和捕鼠先生》
詹姆士·克雷西／文 塔玛辛·科尔／图

《野餐》
艾米丽·阿诺德·麦卡利／文、图

《十四只老鼠》

岩村和朗／文、图

不管你多讨厌老鼠，“十四只老鼠”系列中的老鼠实在是讨人喜欢，如果你的孩子抱怨你“害”他生在鼠年，他不得不一辈子“当鼠”，至少看到这几本老鼠书后，他可能会比较释怀。

第六篇

自然篇

环境保护

环保问题是全人类都关心的。环境工程学者陈国成教授曾说："与天争地，违背天意是最愚蠢的行为，台湾的经济发展造成环境负荷已达极限，环境生态的忍受度很高，但是超过了容忍的限度，便会发生强力的反扑，任何人为的抗力和拯救都显得微不足道了。"

人只要不贪心，世界上的资源有其生生不息的循环，永远够地球上的每一种生物使用，但是人类的贪婪造成资源的浪费，整个生态受到严重的创伤，人拼命地抢夺、霸占，以为可以生活得较好，真是自己制造忧虑！看了《可爱的地球》及《奇妙的创造》，我们会更深切地爱这个已经千疮百孔的地球。

环境保护治标要靠高科技，治本却要从每个人的观念和生活习惯着手。生活习惯是日积月累而成的，除非人们反省能力很强，否则不易改变。因此很多人在对成人进行环保教育失望后，有了未雨绸缪的想法，纷纷转而教育孩童，希望他们不要步上一代的后尘，而能自小关心环境，养成自知自觉的生活习惯。

《米罗和发光宝石》谈的是老鼠们本来在岛上安居乐业，但是米罗无意中发现了发光宝石，众鼠辈知晓后，故事即分成上下两部分发展，不贪心的结局仍是安居乐业，贪心不足的老鼠就掀起淘金狂热，最终将小岛挖垮了。

类似的故事有《太阳石》。这本大书利用两个岛上人民对自然的不同看法，点出人与土地间不可分割的关系。异曲同工的还有《元元的发财梦》。元元为了发财，不惜牺牲自己的耳朵、鼻子、眼睛、好友，也影射我们人为了追求财富，牺牲了环境和大自然。

地球上的生物除了人类，还有动物和植物，我们都是生命共同体。生态破坏，动物比人类更直接受害，从动物角度陈述受害惨状的有《森林大熊》。一头刚从冬眠中醒来的大熊发现附近盖了工厂，而且工厂里的人还叫它去上班。《再见！小兔子》探讨环保及对自然的观念。《鳄鱼先生游巴黎》写尼罗河畔的鳄鱼欧曼，听说巴黎有家鳄鱼商店，特地乘船换车，直奔巴黎，结果看到现代人以文明残害自然的现象。

在《诺亚博士的宇宙飞船》里，动物们居住的森林遭到人类的破坏，于是它们决定乘着诺亚博士的宇宙飞船，去寻找新的星球。途中，宇宙飞船出现故障，动物们也开始想家。经过40个白天和晚上，它们终于来到新的星球。《喂！下车》写睡梦中，小男孩和宝贝狗开着火车急速前

《诺亚博士的宇宙飞船》
布莱恩·怀特史密斯／文、图

《喂！下车》
约翰·伯明翰／文、图

《杰克教授的菜园》
布莱恩·怀特史密斯／文、图

进，沿途遭到因人类猎杀或环境破坏而濒临灭绝的动物，如大象、海狗、鹤、老虎、北极熊等，都想要搭上这列火车。他们一路玩风筝、雪球，传递环境保护的意识。

植物也同样面临浩劫，例如《杰克教授的菜园》里，杰克教授种了巨大的蔬菜。这位农业专家研究如何使蔬菜长得更大。他的研究成果是成功的，但是巨大的蔬菜不知节制，直到破坏了生态，引起许多灾难，杰克教授才不再执迷于“改良”蔬菜。此外，《1999年6月29日》里，荷莉在空中种蔬菜的实验在1999年6月29日终于有了结果，巨型的蔬菜在美国各地降落，而且销售蔬菜成了热门的生意。可是有的蔬菜并不在荷莉原来的实验项目里。

当然，这问题也不全然都是绝望的，《现代原始人》写王先生一家人搬到小岛去过原始生活，衣食住行都靠自己的双手，他们一起体会如何爱护自然，过简单的生活。与自然和好，才能达到天人合一的境界。

在本土创作中，也有以台湾为背景而创作的图画书，例如《瀑布镇的故事》《小山屋》《阿祥的新钓鱼竿》《神射手和琵琶鸭》《我们的新家》《河马在这里》《风来鹰来》《小黑鱼的故事》《流浪的狗》《独臂猴王》《小猴子回家》

《1999年6月29日》
大卫·威斯纳／文、图

《现代原始人》
远藤一夫／文 左藤守／图

《河马在这里》
林良／文 陈雄／图

《外星人的日记》《柳杉的美梦》《小喜鹊的叹息》《穿红背心的野鸭》等，读起来除了特别有亲切感外，也让人更迫切地想好好爱护这个家园。

关注生态环境的还有《沙滩上的琴声》，提醒我们保护白鲸；《咱去看山》介绍火炎山的生态；《白鹭鸶来了》介绍白鹭鸶与人们和谐共处的美境。

《外星人的日记》
孙晴峰／文　刘伯乐／图

《穿红背心的野鸭》
夏婉云／文　何华仁／图

《白鹭鸶来了》
干富子／文　稗田一穗／图

四季

小时候我对四季的概念是：天冷是冬天，天热是夏天，冷中带热是春天，而热中带冷就是秋天。一直到上了小学，才知道春夏秋冬跟晴天、雨天、阴天、冷天、热天不同，不是一天一天算的。

对四季分明的地区的孩子来说，四季可能不那么抽象，亚热带的孩子一年四季眼见的景色都差不多，只能凭冷热的感觉及穿衣的多少来解释四季。但是神造天地的第四日时说，“天上要有光体，可以分昼夜，做记号，定节令、日子、年岁，并要发光在天空，普照在地上，事就这样成了”。

《快乐的一天》 露丝·克劳斯／文 马克·西蒙／图

《快乐的猫头鹰》 塞莱斯蒂诺·皮亚蒂／文、图

《夏日海湾》 罗伯特·麦克洛斯基／文、图

因此，四季的运行除了让我们看到不同的景色风光，更重要的是让我们数算光阴时有所凭据。四季的存在使我们的身体能感受不同的温度和湿度，能够调节我们的身体去适应季节的变化。四季的变化使我们不用看日历就知道该做什么，自然的奥秘蕴藏在四季的运转中，我们只能从心底里赞叹。

《快乐的一天》描述的就是这种季节的悸动。寒冬里，一些动物在冬眠，突然有动物苏醒了，开始在雪地上朝着同一方向奔跑，留下不同的足迹。原来春回大地，它们发现雪地里绽放了一朵小黄花。大家围绕着小黄花，脸上露出接待新生命的幸福表情，大地一片欢欣的情景。

《快乐的猫头鹰》则是讲两只心满意足的猫头鹰，它们认定快乐的理由就是：只要敞开胸怀去欣赏周围的事物和四季的变化，幸福是可以每天拥有的。

四季的变换或许不像日夜更迭那般影响人的作息，但季节与生活息息相关。《夏日海湾》描写盛夏时海湾的种种活动，让读者感受炎热中的悠闲和活动。

风云雨雪

神造天地的第一天造光，第二天就造空气，将水分为上下，空气将空气以下的水和空气以上的水分开了。而这个充满空气的空间就是人类生存的空间。

风是空气流动形成的，空气若不流动，我们就会闷得难受。风是很有趣的，它无所不在，我们虽看不见它，但可以感觉到它，而且很需要它。

《风姐姐来了》的作者以花草、树木、风筝、衣物、香气、凉意等具体可观察的现象和感觉勾描出风姐姐的行踪。

曾有一首流行歌叫《风从哪里来》，如今有本图画书叫《风到哪里去了？》，展现小男孩和妈妈的对话。如男孩问："为什么白天会结束？"妈妈回答："白天并不会结束，它会在别的地方重新开始。"男孩又想知道风停了以后去了哪里。小男孩学到自然界永无休止的循环，并了解所有的事物只是换了地方，再以不同的方式出现罢了。

孩子也可以将风拟人化，例如《风喜欢和我玩》中小男孩吉勃特整天和风一起玩。风把他的气球吹到树上，还让他的雨伞开花。他们一起玩

《风姐姐来了》
邵检／文 吕游铭／图

《风到哪里去？》
夏洛特·佐洛托／文 斯特凡诺·瓦伊塔尔／图

《云上的小孩》 约翰·伯明翰／文、图

《夏天的天空》 皮特·斯皮尔／文、图

小风车、吹肥皂泡、扫落叶，最后他们玩累了，就在杨柳树下睡午觉。

风起云涌（喻事物之相继兴起，声势浩大）、风云际会（喻人生境遇顺利）、风卷残云（喻一扫而光）、风流云散（喻原来在一起的人分散各地）、风云变色（喻豪杰的兴起）、云淡风轻（形容天气晴朗，和风煦煦）、云龙风虎（云从龙、风从虎，喻明主得到贤臣），风和云常是形影不离。云是天上的水气，很多孩子对云很着迷，想象自己腾云驾雾，哇！真是宠辱偕忘。

相信很多人小时候都当过云上的小孩，抬头望着天空，白云朵朵，踩在上面一定很舒服吧？而且云会飘动，就不必靠双脚走路走得那么辛苦。《云上的小孩》里有个小孩就是这么幸运的。艾伯特和父母一起爬山，从悬崖上摔下，危急之际，云上的小孩念起咒语，接住变得轻飘飘的艾伯特。他们在云上玩得很开心，直到一天夜里，艾伯特从云上看到下面城里的灯火，他忽然很想念自己的家和他的小床……

《夏天的天空》里对云也有很棒的观察记录。夏天天空的云层配合着偶尔吹来的风，可以有千种变化。有像恐龙的云，有像火车的云，有像帆船的云……这些关于云的联想很能把握幼儿的想象力。

晴空万里、万里无云，表示不会下雨。但是当云气湿到饱和点，就变成雨点下到地面来了。通常下雨之前空气中都可以闻到湿气，风和雨也是形影不离的。不管是和风细雨、狂风暴雨，还是凄风苦雨，任何风吹雨打都迟早会风停雨歇，就怕栉风沐雨（喻奔走办事极辛苦），反而落得满城风雨（议论纷纷）。

雨在台湾十分常见，客家话称下雨为“落水”，实在很传神。孩子喜欢玩雨，但父母担心孩子伤风，而且淋了酸雨对身体也没什么好处，所以大部分的孩子逢下雨天就发愁，因为被关在屋里，无聊易闯祸，闯祸难免受罚。

《下雨了》是本无字图画书。书页间先是出现晴朗的天空，接着云朵出现，越积越大，颜色渐深。最后闪电也出现了，雷声隆隆，雨稀里哗啦地下。哇！一片美丽的雨景。终于，雨停了，彩虹出现，大地显得更翠绿了。翻看这本书真有凉快的感觉，虽然下雨给生活多少制造了些微不便，但是雨为大地带来澄澈和清凉。

《下雨天》则是描写屋外下着雨，孩子穿上雨衣，拜访雨的世界。《阿尼和小莉去野餐》也是谈到阿尼本来答应小莉去野餐，谁知下起雨来了，小莉很失望，阿尼只好按原定计划，穿着雨

《下雨了》
施政廷／文、图

衣，带着她在雨中搭起帐篷，享受雨中野餐的乐趣。《谁来买东西？》写下雨天孩子可以玩什么游戏。何不利用现成的玩具，加点想象力，玩开小杂货店的游戏。

当空气够冷，湿度又够大，水气从空中下坠，就看到雪花飘了。台湾地处亚热带和热带，雪在一般生活中很少见，偶尔高山上下雪，就会成为风景，吸引游客。但孩子从卡片、影片、童书中大都知道下雪是何种景况，应不致太陌生。

我们大概很难在本土作家的作品中看到雪，但是外文童书中雪是常出现的背景。冰雪的世界非常晶莹剔透，天寒地冻的时候，怎能没有温馨的事情发生呢？例如，《大雪》谈保护自然的重要性，最后一对兄妹种下一棵树苗，表示生命的延续。

雪也可以玩。打雪仗、堆雪人。雪人通常是由一大一小的圆球上下堆起来，再以围巾、帽子等装扮起来，十分可爱讨喜。在《雪人》这本无字图画书里，雪人于半夜到小孩家做客，两人玩得意犹未尽。雪人又载着小孩飞过原野和街道，欣赏美丽雪景。次日小孩醒来，发现雪人已溶化。

雪人也很容易拟人化，例如《扫帚雪人和眼

《谁来买东西？》 角野荣子／文 田精一／图

《大雪》 莎琳娜柯恩斯／文 卡瑞吉特／图

《雪人》 雷蒙·布力格／文、图

镜雪人》中，两个雪人相邻而立，都觉得自己比较优秀，气不过就大打出手，结果两败俱伤。后来它们互相交换最心爱的东西，眼镜雪人拿着扫帚，而扫帚雪人戴了眼镜，皆大欢喜。

能够欣赏大自然，又能够享受好童书的人，真是幸福啊！

树木

上帝造树木真是神奇，世界各地的树因地理、气候、品种的不同而有不同的长相，但是它们都有相同的功能，以光合作用供给人类生存所需。

小时候唱过一首儿歌："树呀，树呀，我把你种下，不怕风吹雨打，快点长大。长着绿的叶，开着红的花，鸟来做窝，猴子来爬，我也来玩耍。"这首歌很短，却将树木的生态都点出来了。

有关树木的童书不算少，也都各有特色。《树木之歌》写树木在四季变换着不同的风貌。松鼠在树下过着秋收冬藏的生活，候鸟春来冬去，繁衍后代。从四季变化的色彩，静中有变的画面，我们可感受自然的奥妙。《我是一棵树》

《树真好》
珍妮丝·梅·乌迪尔／文
马克·西蒙／图

《长不大的小樟树》
蒋家语／文 陈志贤／图

以一棵树的自述说到小树很寂寞，孤零零地长在空旷处。后来它渐渐长大，鸟儿开始来做窝，松鼠来玩，许多动物都聚过来，它就不寂寞了。《树真好》描述树的好——不论在哪个季节，也不论生长在哪里，树与人类的生活紧紧相系，有树真好！

然而人类滥砍滥伐，恩将仇报，造成种种环境污染，树的日子真不好过。例如《长不大的小樟树》中，小樟树本来很快乐，以为只要自己的根继续延伸，就会不停生长。谁知它的根受阻于石头、水泥，无土可长，它也永远长不大了。不要漏看一本脍炙人口、老少咸宜的《爱心树》。它以一个人的成长和一棵树的关系，深刻地道出树无私的给予和付出。

还有出版社以“大树”为名，显然是想要当树与读者之间的媒介，出版了几本很好的“树”书：《林中的树》《大树搬家记》《第一座森林的爱》《我的苹果树》《大树之歌》《丛林是我家》《被遗忘的森林》《树逃走了》等，让读者从不同的故事、不同的画风、不同的观点，去享受树的美，去思考树的善。

树既然是人类的好朋友，孩子也容易将树拟人化，例如《给森林的信》中谈到在冬天里，宽宽给森林里的小动物朋友写信，挂在杉

《我的苹果树》 皮特·帕纳尔／文、图

《被遗忘的森林》 劳伦斯·安霍尔特／文、图

《树逃走了》 马丁·伯克特／文、图

树枝上。春天到了，小动物们也送给他林中的小东西。

花草

凡是有树木的地方大都有草，但是树大招风，风吹草动，草大概都只当配角。“草草了事”更一语道破草的卑贱。

不管是窝边草还是墙头草，草的生命力可真坚韧，只要斩草不除根，它就春风吹又生。草也是很多草食动物的主食，因此畜牧业发达的地区都有一大片连绵不尽的“草海”。

种子象征生命的可贵性。谈到种子的童书如《小种子》。小种子们乘风飞向遥远的地方，沿途有的被太阳烧掉，有的被海洋淹没，有的被动物吃掉。最后，小种子顺利找到安全的生长地方。《种子》中，小种子想搬新家，开始发芽长大，利用不同的方式去旅行。松树种子有翅膀，荷花种子能浮在水上。有的种子长着钩刺，沾在动物身上搭便车。

开花结果。要有种子，先得有花。花代表生命的延续，因为开花后就是结果实的时候了；花也带来了种子，使植物得以传宗接代。花一定是上帝心情非常好的时候造的。在我见过的花中，

《给森林的信》
片山令子／文 片山健／图

《小种子》
埃里克·卡尔／文、图

《种子》
高森登志夫／文
古矢一穗／图

没有长得丑的花。即使是小野花，都开得很灿烂、很起劲，每一朵花都像是精心设计出来的。花儿若知人类称某种人为花花公子，一定很不开心，花天酒地更是有辱花名。

花出现在很多童书中，但通常是配角或布景，以花为主角的童书，例如《花城》，描写在一个种满鲜花、飞满蝴蝶的城市里，人们连做的梦都是五彩缤纷的。可是严厉的市长下令将全城的花和蝴蝶都关起来。人们失去了笑容，小城也变得黯淡无光。彼得和卡琳是勇敢的孩子，他们拯救了花和蝴蝶。而《乔爷爷的花园》中，爱慕虚荣的小雏菊看不起乔爷爷的小花园，它希望能开在隔壁华丽的大花园中。但是如愿以偿后，它才发现自己不过是大花园里的一株野草。

《花城》
伊芙琳·哈斯勒／文
斯泰潘·扎夫热尔／图

《乔爷爷的花园》
格尔达·玛丽·沙伊德尔／文 伯纳黛特·沃茨／图

昆虫

昆虫种类繁多，较常出现在童书中的有蜜蜂、蚂蚁、蝴蝶、蟋蟀、萤火虫等。或许因为它们的体形较小，不易表达，所以当主角的机会不多。倒是许多儿歌都以昆虫为主角，也有不少知识类的图鉴介绍昆虫。

蜜蜂被当做勤劳的代表，因为它们飞来飞去

采花蜜，英文以busy bee形容忙碌的人。但是有些蜂类会螫人，比较难亲近，所以以蜜蜂为主角的书不多。耳熟能详的儿歌有《小蜜蜂》：“嗡嗡嗡，嗡嗡嗡，大家一起来做工。来匆匆，去匆匆，做工兴味浓。春去秋来忙做工，秋收冬藏好过冬。嗡嗡嗡，嗡嗡嗡，别做懒惰虫。”

孩子喜欢蝴蝶。蝴蝶通常有漂亮的花纹和色彩，而且蝴蝶是由毛毛虫蜕变而来的，过程有趣而特殊。以“毛毛虫找妈妈”为题材的故事不少。《好饿的毛毛虫》更是以毛毛虫蜕变成蝴蝶的过程为故事的主干。有关蝴蝶的儿歌有：“蝴蝶蝴蝶生得真美丽，头戴着金丝，身穿花花衣。你爱花儿，花儿也爱你，你会跳舞，它有甜蜜。”

蟋蟀的叫声很吵，就像孩子们的聒噪，也是孩子喜欢玩的昆虫。《好安静的蟋蟀》里的蟋蟀倒是不吵，因它尚未长大，所以摩擦翅膀没有声音。直到它渐渐长大，遇到了心仪的蟋蟀小姐，才发出响亮的声音。

至于生活中随处可见的蚂蚁，也让孩子觉得很亲切。我们一般见到的蚂蚁很小，而且大多成群结队，被当做合作的榜样。《小蚂蚁回家》中，小蚂蚁在回家途中迷路，幸好遇到一些好朋友。

昆虫还有自己会点灯的，就是萤火虫，只

《好饿的毛毛虫》
艾瑞·卡尔／文、图

《好安静的蟋蟀》
艾瑞·卡尔／文、图

《小蚂蚁回家》
叶香／文　邱清刚／图

可惜农药的过度使用使得萤火虫“虫”不聊生。《萤火虫之歌》中介绍台湾最常见的五种萤火虫的一生及栖息环境，并配合各地展开的萤火虫复育工程，透过这种大自然的环保指标，检视人类的生活质量。萤火虫的闽南语名为火金姑，有一套闽南语儿歌即以“火金姑”为名。

《小虫儿躲躲藏》则是以各种虫类为主题的儿歌。

观察昆虫是孩子很感兴趣的事，但是大人也要提醒孩子爱惜昆虫，毕竟这个地球是大家共同居住的，所有的生物存在都有充足的理由，都是生物链中不可或缺的一环。

《萤火虫之歌》 陈月文／文 陈灿荣／图

《小虫儿躲躲藏》 郭玉吉／文、图

蜘蛛

蜘蛛不是昆虫，因为蜘蛛有8只脚。

蜘蛛最让孩子着迷的是它们能结网。仔细看蜘蛛的网，会发现它们真是很厉害。它们一边在网上走来走去，一边就能织出有规则的网，捕捉小昆虫。我个人对蜘蛛很着迷，家中的蜘蛛都能安居乐业。它们在墙角帮我捕蚊虫，我可以不必使用杀虫剂或蚊香，它们也不吵不闹，应该称得上是“环保勇士”吧！

以蜘蛛为主角的书最为人称道的大概就是《小猪与蜘蛛》吧！故事中有爱、友谊、生命、死亡。小猪生下来就弱小，差点被处死，幸好主人的小女儿全力挽留，小猪得以逃过一死，在农场里生活。它有个好朋友，是蜘蛛夏绿蒂，蜘蛛救了小猪的命，因为这只蜘蛛是会写字的！

《好忙的蜘蛛》中，大清早，蜘蛛就开始忙着在农场的篱笆上织网。各种动物跑来找它一起玩耍，它都不为所动，只是专心地将网织好，捉住苍蝇。书上的蜘蛛丝采用特殊的印刷工艺，所以是微微凸出来的，是摸得到的。《蜘蛛小姐蜜斯丝白德开茶会》中，蜘蛛小姐很想交朋友，却没有昆虫敢靠近它，直到一只飞蛾不小心栽在它的手上，才发现它不可怕，于是所有昆虫都应邀来参加它的茶会。

《蜘蛛先生要搬家》则是以对话的方式展开一连串有趣的交谈，如“你说谁啊？”“我说蜘蛛先生啊！”谈的内容当然就是蜘蛛要搬家这件事啦。

太阳、月亮、星星

天空看起来离我们很远，但是只要抬头就会

《好忙的蜘蛛》
艾瑞·卡尔／文、图

《蜘蛛小姐蜜斯丝白德开茶会》
大卫·柯克／文、图

《蜘蛛先生要搬家》
汪敏兰／文 赵国宗／图

《天动说》 安野光雅／文、图

《晚上》 陈斐如／文 陈耀程／图

《月光男孩》 斯潘·奥尔森／文、图

看得到。而且从一天从早到晚的变化中也很容易注意到天体的运行。

很早的时候，人相信地球是平的，天上的星体绕着地球旋转。从中古世纪开始有人说地球是圆的，地会动，许多迷信的人十分惊恐，当时发生了些什么事呢？请看《天动说》。

天空中的星体包括太阳、月亮、星星。太阳的运转决定白天晚上。有关夜晚的故事书通常都是睡前故事，例如，晚上大家都做些什么呢？《晚上》中，读者看到不同的定义，如：晚上是妈妈说“该吃晚饭啦”的时候；晚上是青蛙出来唱歌的时候等。

而《太阳晚上到哪儿去了？》则是亚美尼亚儿歌，有趣味问答，如“他睡在哪儿？”“他的奶奶是谁？”“他盖什么被子？”“谁给他盖被子？”“他爷爷是谁？”“他做梦梦到了谁？”“谁把他叫醒？”没完没了的问题，却都有妙不可言的答案。

夜晚经常可以看到月亮。月亮不像太阳那样散发光和热，因此给人柔和的感觉。谈月亮的童书有《月光男孩》。月亮先生想知道自己究竟长得什么模样，于是拜托小男孩帮忙，引出一段有趣的故事。《你是谁呀？》描述小狐狸和月亮邂逅的秘密。小狐狸在一个睡不着的晚上，发现了一个会发亮的东西，弯弯地挂在树梢上。它问："你是谁呀？"小狐狸没听到回答。

孩子也喜欢星星。星星看起来又亮又小又神秘，而且闪烁时好像在眨眼睛，有点调皮。谈星星的童书很多，例如《小星星》中，小星星循着妈妈说故事的声音来到海伦的床前，把她当成故事里的公主，不想回到天上。海伦悄悄对它说了一句话，终于让小星星回家去了。

观日、观月、观星，都是智者做的事，太阳不说话，却代表上帝的恩典。日头照好人，也照歹人。让我们体会神的爱是何等长阔高深。那种无私、无条件的给予，真是令人感激又羡慕。

《你是谁呀？》
瑞金·辛德勒／文 席塔加克／图

《小星星》
克劳斯·鲍姆加特／文、图

第七篇

想象篇

想象类的童书会不会让孩子胡思乱想?

想象力是人类最宝贵的禀赋，想象力使人能超越感官的限制，驰骋于深邃空幽的宇宙，使我们的生活更加丰富和多姿多彩。

人有想象力就可以天马行空，不费分文环游世界，甚至翱翔于外层空间。那是一个完全属于自己的空间。想象超越现有的知识，有想象才有创意。

越年幼的孩子越有想象力，他们不必“眼见为实”。当他们的语言能力快速发展时，就会说出想象世界的事物。大人若处理手段太严厉，孩子就会渐渐失去想象力这对翅膀，就像天使坠落地面，少年老成，老气横秋。没有想象力的人大都很不快乐，对生活充满无奈。

童书不但可以滋养孩子的心灵，还可以激发孩子的想象力，因为创作者本身会留给读者足够的想象空间。例如《疯狂星期二》《厨房之夜狂想曲》《在那遥远的地方》等，都是充满想象力的好书。

《森林里的迷藏王》叙述小惠在森林里遇见一个身上长满枝叶的迷藏王。他们在森林里和大熊、猫头鹰、小鹿一起玩捉迷藏。可是一眨眼，迷藏王和动物们都不见了，原来被画家巧妙地隐

《疯狂星期二》 大卫·威斯纳／文、图

《厨房之夜狂想曲》 莫里斯·森达克／文、图

《追追追》 赤羽末吉／文、图

藏在画中了。《追追追》以连环漫画的方式，在歌舞伎风格的豪华背景衬托下，展开奇妙有趣的故事情节。《你喜欢……》中逗趣的对话将小朋友的想象以幽默的方式表现，是每个孩子都很享受的一本书。

本土创作里也有些不凡的作品，例如《惊喜》，描写小人住在白花红树林里，她爱漂亮，动作慢，平日对周围美景视而不见。一天她在别人的鼓励下，逐步发现了大惊喜。故事以对白为主，连页形式设计。《白石山历险记》中，小女孩用软软的白石头来堆城堡，又跳进湖里冒险。玩了半天，原来是小孩将一盘食物想象成一座山。《谁吃了彩虹？》里，小男孩在放风筝，结果风筝将天边的彩虹割断了，彩虹掉到了河里。《假装是鱼》则是女孩和狗的想象故事。她们随着鲸鱼去遨游，假装玩得很过瘾。

《小真的长头发》是不可错过的好书。三个女孩在聊天，小真想象她有一头长发。书中的童趣、幽默及出人意料的情节发展，都令人击掌。

让孩子乘着想象的翅膀自由飞翔吧！

《你喜欢……》
约翰·柏林罕／文、图

《谁吃了彩虹？》
孙晴峰／文 赵国宗／图

《小真的长头发》
高楼方子／文、图

王室

在君权时代，王室代表绝对的权威与富贵，而且是父传子，一般老百姓根本不可能成为王族。此外，王室高高在上，很具神秘感，因此故事中以王族为主角相当普遍。王族因世袭而富有，不必像平民一样为了三餐而汲汲营营，才有闲情做些俗人做不到的事。

虽然王室已逐渐在世上消失，它的神秘性及幸福快乐的假象已破灭，但是孩子蛮喜欢国王、王后、王子、公主的故事，或许是那种“众星拱月、唯我独尊”的感觉与孩子们的自我中心特质有些共鸣吧。

在经典童话中，王室代表着尊贵，而现代童书中以王室为主题故事的多半已经将皇亲贵族平民化了。最滑稽的就是那位爱漂亮、嗜穿新衣如命的国王了。他为了穿各种新衣，居然被骗得团团转，结果一丝不挂地走到街上。小朋友很喜欢这个故事。这个国王虽贵为一国之君，却有人性的弱点，最后还要一个小孩“用童真说诚实话”，这不是现实生活的讽刺吗？

另有一位异类国王也很可爱。在《多嘴的荷包蛋》中，王宫厨房的鸡舍被人打开了，几百只鸡追着国王跑。大将军连国王的房间都仔细搜查过了，却没想到，这个秘密竟被一个荷包蛋说出来，原来犯人就是国王。

《赤脚国王》以国王亲身体验没鞋子穿的窘态解说鞋子的由来。《起床啦，皇帝！》则以一个贪睡的可爱小皇帝和平民小朋友王小二为主角，有点像金庸的武侠小说《鹿鼎记》里的小乾隆皇帝和韦小宝。

至于国王的太太——王后，或是皇帝的妻子——皇后，她们就如传统的女性角色，最主要的功能就是生小孩来继承王位，所以即使出现在童书中，也多半连配角都不是，比较像是布景。她们通常因为嫁入豪门，难免穿金戴玉，可是如果没才没德还过着如此“物质丰裕、精神贫乏”的生活，就不难理解一旦此人想做点什么，会是什么可怕的后果了。例如《白雪公主》里的恶毒母后，让许多小孩对后母产生成见，真是遗臭万年呢！

至于王室的下一代，男的称为王子，女的称为公主。传统的王子公主也都是属于好吃懒做、不求上进的族类，他们大都养尊处优，例如《养猪王子》中的公主，嫌弃邻国王子送的玫瑰和夜莺，却为了得到一个没有生命的玩具，去吻由王子装扮成的陌生人，王子因此弃她而去。《追梦王子》则是传统童话《青蛙王子》的故事，故事

《多嘴的荷包蛋》
寺村辉夫／文　长新太／图

《赤脚国王》
曹俊彦／文、图

《起床啦，皇帝！》
郝广才／文　李汉文／图

里的公主答应要嫁给他，后来又反悔了。

现代童书则有些很逗趣的、有独特个性的王子和公主。例如《阿伦王子历险记》中，阿伦王子是青蛙，当然他的父母也是青蛙，他们很爱阿伦，称他为“小王子”。阿伦认为既然自己是王子，就想要找公主。经历了一些事情后，他知道自己不是真的王子，倒是认为一路上帮助他的鹳露西才是最美丽的公主。

又如《顽皮公主不出嫁》中，顽皮公主可不像传统的公主那么端庄典雅，而是一副野丫头的模样。她也不像传统的公主那样毫无主见地等着被嫁到其他皇室，作为邦交的筹码。她不想结婚，所以出了许多鬼点子刁难求婚的王子。

《顽皮公主不出嫁》 巴贝特·科尔／文、图

《五彩鸟》 麦克斯·博令格／文 杰列·尼卡／图

巨人、精灵

在孩子的想象及童话中，巨人是可以顶天立地的，他们不但力大无穷，偶尔也法力无边。然而在故事中，不管巨人多么神勇，如果与人作对，通常会被人以智慧击败。

以巨人为主角的故事通常强调他身材的高大，所以经常会有特别矮小的角色来做对比。例如《五彩鸟》中，一个巨人和一个小矮人合力救

了一只五彩鸟，巨人和小矮人因此看到了对方的优点，化解了对彼此的成见和误解。最后，巨人变矮了，小矮人变高了，拉近了两人的距离，他们成为相互陪伴的好朋友。

又如《胆大小老鼠，胆小大巨人》这本书，颠覆了传统“巨人因身躯庞大，所以英勇”的形象，那种跟认知有落差的突兀感，令人捧腹。

在《大巨人约翰》中，巨人和小精灵同时出现，而且是好朋友，约翰是一位友善又孝顺的巨人，忠厚老实的长相与俏皮的精灵形成有趣的对比。

小精灵则是迷你的，他们通常有翅膀，会飞，有时还拿根小仙棒，能化腐朽为神奇。精灵通常出现在经典童话中，对小孩而言，精灵或仙子的存在不但是可能的，而且是有必要的。小时候，当我做错事自以为神不知鬼不觉时，没料到妈妈都知道，我无法解释她是如何洞察我的秘密的，只好相信有精灵或是仙子帮她做秘密搜证的工作。

有时我观察自然界生物和景观的变化，太多的神奇超出我的理解。我也会让精灵和仙子来做造物主的代言人。人生难得浪漫，浪漫的童年应该是辛劳的人生的安慰吧！也难怪传统童话故事中常有精灵和仙子，例如《拇指姑娘》《杰克魔

《胆大小老鼠，胆小大巨人》
安格富·修柏／文、图

《大巨人约翰》
艾诺·洛贝尔／文、图

豆》等。

对精灵有兴趣的人可以读读大书《小矮人》，里面对小矮人有许多有趣的介绍。例如，小矮人比我们强壮7倍，他们的嗅觉比我们灵敏19倍，一对小矮人一生只生两个小孩，等等。这是一本老少咸宜的书。

做梦、梦想和幻想

中国历史上最富哲理的梦大概就是庄周梦蝶了。庄子在梦中梦见自己原来是只蝴蝶，做人是他的“梦中梦”。醒来后，他搞不清自己原来是蝴蝶还是人。

而我们凡人做的梦就没这么大学问了，大多是“日有所思，夜有所梦”。有人梦多，有人梦少，有人梦长，有人梦短。孩子的做梦经验也各自不同，有的孩子因做噩梦而畏惧，因此应该让孩子知道梦不会伤害他。例如《洁西卡和大野狼》中，洁西卡持续梦见大野狼，在父母的协助和朋友的支持下，逐渐发现自己的勇气和力量，并以个人的“魔法”赶走大野狼。好梦通常比噩梦多，例如《问个没完的小鳄鱼》中，小鳄鱼恩斯特梦见生日礼物是宇宙飞船，

《小矮人》 威尔·海根／文 瑞安·普特伍里叶／图

《问个没完的小鳄鱼》 艾丽莎·克莱文／文、图

带它到很远的奇妙地方。醒来后它过了个快乐的生日。

《梦幻大飞行》是本无字书，小男孩抱着一本地理图鉴入睡，在梦境中经历了一番探险，醒来时发现梦中所见均为床边摆设的想象。而《听那鲸鱼在唱歌》则呈现出一个美丽的梦，以古老的传说引领孩子关怀万物、热爱生命。

也有一种梦不是在睡觉时产生的，我们称之为“梦想”。梦想不等于幻想、妄想或空想，而是对现实或未来的某些渴望。空想不切实际，幻想则显然是虚构的想象，妄想是非分的想象，梦想则有可能引导人脚踏实地地逐步实现。

人因梦想而伟大。如果人没有梦想，我们至今还在过着原始人的生活。试想，早年我们的祖先还在烧木炭煮饭时，有个人（可能是个懒人）觉得很麻烦，在“不想饿死”的先决条件下，他开始梦想：如果有个锅，只要将米和水放进去，插上电，就会自动将饭煮好，那该有多好！

如果这位老兄只是躺在那儿异想天开，那就是空想。

如果他想了想，开始觉得这个新发明已经摆在眼前，至于它是如何来的，只能说是“变”出来的，那就是幻想。

如果他想了又想，希望这个“不用火来煮

《梦幻大飞行》
大卫·威斯纳／文、图

《听那鲸鱼在唱歌》
戴安·谢尔登／文 加里·布莱斯／图

饭”的东西从天而降，而且多降几个，除了他自己用，其他的还可以卖掉，发笔横财，那就是妄想。

如果他想了再想，想到这个东西一经发明出来，会有很多以米食为主的人省下很多煮饭的时间，而能将省下的宝贵光阴用来看些有益的书，于是他开始动手研究。他经过许多实验，忍受别人的嘲笑，花光毕生积蓄，啊哈！电饭锅问世了！这就是梦想成真。

其实正常的人即使是空想、幻想、妄想，一事无成，只要不危害别人的安全，不伤害别人的感情，都是可以的。这些胡思乱想都可以让人暂时逃离现实的压力，天马行空之后，再回到现实，设法解决问题。万一我们的心思连这样漫游的空间都没有，又承受不了现实的严酷压力，反而容易造成精神崩溃或分裂。

比较积极的是梦想。“人生有梦，筑梦踏实”就是这般。梦想不等于白日梦，有梦想又勇于实践的人才能引领社会进步。伟大的发明家都是有梦想的，他们所从事的大多是一般人还不懂的研究。而每天以填饱肚子为满足的人，大概很难体会为什么有人会为了理想，做一些别人都还想不到、看不到的努力。

伟人都是梦想家，你信不信？

探险

大多数人都不喜欢生活中有危险，但又都喜欢冒险的刺激感，这种矛盾促成“探险”的书大受欢迎。借着文字，作者很安全地将读者领进惊险万分的情境，让你紧张，甚至害怕。但只要你受不了，随时都可以合上书逃离现场。哇！好险！

年幼的孩子较满足于单纯的小世界，但随着年龄渐长，他们一方面对大世界更为好奇，另一方面却也更明白自身所受的限制，会越来越喜欢探险的书。早期的童书如《鲁滨逊漂流记》《格列佛游记》等书受到广大读者的欢迎，让我们看到：科技和想象是不冲突的。当它们携手并进的时候，人的生存和活动空间也更无远弗届。

《我们要去捉狗熊》
迈克尔·罗森／文　海伦·奥伦堡／图

现代童书的探险故事有很多游乐的成分，惊险万状、死里逃生的威胁感减轻了许多，例如《我们要去捉狗熊》。“我们要去捉狗熊……天气这么好，没什么好怕的。”野草、河水、烂泥、森林、风雪，都不能阻挡他们。可是看到狗熊，他们却拔腿就跑。

《天灵灵》
克里斯·范·艾斯伯格／文、图

《天灵灵》是另一种冒险。趁着父母不在家，姐弟俩溜到公园，捡到一个玩具“天灵灵”回家，不料灾难从此开始。精密写实的铅笔画，呈现写实与幻想的交错时空。这个精彩的故事已被拍成电影《野蛮游戏》，由罗宾·威廉斯主演，在计算机合成的技术下，显得格外惊险，但是看书则有更多的想象空间。

其实孩子的生活中也有探险的成分。《做得好，小小熊！》中，小小熊在大大熊的陪伴下，不断探索周围世界，有惊无险，因为大大熊在一旁支持和鼓励它。

《做得好，小小熊！》

马丁·沃德尔／文 芭芭拉·弗斯／图

愿望

人有愿望表示对人生有憧憬，小孩人小力单，生活百般仰赖他人，而且他们对现象认识尚少，不知限制之所在，因此愿望就成为憧憬与现实之间的桥梁，也使孩子在想象中由有限跨向无限。

“Wishing is the beginning.”愿望乃开始，是西方的想法，我们对孩子的愿望如何看待呢？要他脚踏实地，不要想那些有的没有的事情？其实愿望与务实并不冲突。愿望是一种祈求，不管能不能实现。因此基督徒在祷告末了一定会说“阿门”，意思就是“诚心所愿”。跟上帝讲了一些话，最后谦卑地表示：我诚心愿望如此，但还是上帝才有大智慧参透万事。

童话中有关愿望的故事不少，最有名的大概是《三个愿望》。故事里的一对贫穷老夫妇靠老公公打柴为生，日子贫困，满是抱怨。有个小仙子可怜他们，给他们三个实现许愿的机会。老公公迫不及待地说：“我希望有根香肠！”果然桌上出现了香肠，老婆婆很生气他如此浪费了一个愿望，就说：“我希望这根香肠黏到他的鼻子上！”果真香肠飞到老公公的鼻子上，怎么扯也扯不下来。他们只好用掉第三个愿望，让香肠从鼻子上掉下来。许了半天愿，结果仍是一场空。其实如果能从愿望落空的经验中学到一点智慧，不也是一种收获吗？

有人在某些特别的节日里许愿，如过新年的时候。一元复始，万象更新，许愿的情怀油然而生；生日的时候在蛋糕上点了蜡烛，唱过生日快乐歌后，吹灭蜡烛前，也可以许三个愿。毕竟生日当天，寿星最大，天老爷比较会垂听吧？

圣诞节前，有些小孩会大声地到处许愿，好让圣诞老公公知道送什么礼物。

现代童书也谈愿望，且比传统故事更生活化，例如《大家会喜欢狮子吗？》中，安娜一觉醒来，希望自己变成一只鸟，但是鸟没有熊大，熊又不如象大。原来安娜想当一个不会被人忽略的狮子，有人注意，有人疼爱。

《大家会喜欢狮子吗？》
凯迪·麦克唐纳·丹顿／文、图

《公鸡的愿望》
洇野诚一／文、图

《魔罐与魔球》 芭芭拉·哈柏纳／文 杜桑·凯利／图

《石匠塔沙古》 杰拉尔德·麦克德莫特／文、图

《公鸡的愿望》里公鸡希望能飞到天上，去看看山那边的世界。它天天祈祷，有一天月亮被感动了，请太阳帮忙，但是太阳只给它一天的时间。它的太空之旅果真非常快乐，舍不得结束，耽搁了下来的时间，也受到了轻微的处罚。

愿望要适可而止。《魔罐与魔球》中神奇的魔罐与魔球能变出各种东西，但是人心的贪婪却会使得愿望越来越多，终于失去了所有。《石匠塔沙古》则是写一位勤奋的石匠感动了精灵，听了他的愿望，将他变成王子。但他羡慕太阳的威力，又要求变为太阳，之后变成云，又变成山，才发现原来最有威力的山竟然得忍受一个卑微石匠的敲打。

巫婆和法术

我变，我变，我变、变、变！

哪个孩子未曾希望自己能变！《仙履奇缘》中如果灰姑娘不变成公主，怎会有机会遇见王子？《爱丽丝梦游仙境》中如果没有法术，爱丽丝又如何能走入镜中？

故事中的法术增添了奇幻的气氛和趣味性，因为有法术的介入，作者和读者都不必担心：那怎么可能？就是因为不可能才需动用法术啊！法术也不一定是害人的，助人时来点法术，哇！大快人心。

和法术同时出现的常是巫婆。洋巫婆造型大同小异，都是凸眼、尖鼻、尖下巴，身穿黑斗篷，还骑着扫把满天飞。巫婆大多主修化学，喜欢调制各种不同的化学药品，变出许多千奇百怪的东西。

传统童话中的巫婆有些是坏心眼的，例如《睡美人》里的巫婆心胸狭窄，只因未被邀请庆生，就下咒让小公主长期昏睡。

以前有一部电视影集叫《神仙家庭》（*The Witch*），外婆、妈妈、女儿都是女巫。故事很有趣，算是现代巫婆的先锋吧。童书中也有许多可爱的巫婆，例如《小巫婆的大脚丫》。小巫婆玛婆因为受不了朋友嘲笑她的大脚丫，离家出走了。幸好她遇到了劳拉。聪明的劳拉不但美化了她的大脚丫，更让玛婆恢复自信，重回巫婆森林。

还有一个巫婆为了和猫共居一屋能相安无事，大费周章地动用法术。在《巫婆与黑猫》中，巫婆和心爱的黑猫住在一间黑屋中，到处黑漆漆的，只有黑猫的眼睛是绿的。猫闭眼时，巫婆看不见它，造成诸多不便。巫婆将猫变成绿

色，但是在草丛中还是分辨不出。后来巫婆自作聪明，将猫变成彩色猫，却伤了猫的自尊心。她终于灵机一动，将屋子变成彩色的，从此黑猫可以安心地当它自己了。如此善良的巫婆，谁不希望家里有一个呢?

《巫婆奶奶》里有一个像百宝箱一样的神奇的锅，东西放进去煮，就会变成很多。作者以此来说明一知半解的弊病及贪心的严重后果。

《巫婆啊巫婆——请来参加我的宴会》则是将一般人对巫婆的刻板印象，与另外的“可怕的”动物联想，以接龙的方式进行。到最后读者会发现原来是“万圣节”的游行行列，被幽了一默。

不是所有的巫婆都是老的。《小巫婆过生日》中，小巫婆琪琪在生日当天忙着四处找她的爱猫小咪，遍寻不着。回到家里，镇里所有的巫婆都来给她一个令人惊喜的聚会，她拿起她们送的魔棒一挥，将小咪变回来了。

巫婆的角色都是女性，少有“巫公”，是否表示男性比较不喜欢变呢？童书中有巫师，例如《神奇变身水》中的法师，法术和法力都远不及巫婆。想象中“巫界”学校的老师大概也是以女性为主吧?

与魔法有关的还有《驴小弟变石头》。驴小

《巫婆与黑猫》 瓦莱里娅·托马斯／文、图

《巫婆奶奶》 汤米·狄波拉／文、图

《神奇变身水》 杰克·肯特／文、图

弟捡到一颗有魔力的小石子，却遇上了狮子，一紧张竟将自己变成了一块大石头。爸妈想念它，但找不到它。直到一天它们去野餐，无意中将小石子放在驴小弟变成的石头上，它才终于变回自己，全家团圆。《奇奇骨》则是描写猪小妹捡到一根会说话的骨头。后来它们被狐狸抓走，幸亏奇奇骨会念咒语，它们才逃出魔掌。《帽子》讲叙了一顶神奇的帽子如何帮助一位穷困老兵，从乞丐般的生活转变为贵族生活的故事。《变魔术》也是变，主角则是魔术师。魔术用的是障眼法，不是法术，但是魔术使人突破视觉的认知，因此带来惊喜。

《驴小弟变石头》
威廉·乔恩森／文、图

《奇奇骨》
威廉·乔恩森／文、图

《帽子》
汤米·昂格雷尔／文、图

马戏团

你带孩子去看过马戏团的表演吗？你自己看过马戏吗？

虽然电视上也有各种表演，但是马戏团的现场感是电视无法传达的。早年的马戏团是综艺节目的始祖，人们去马戏团可以看到许多表演，例如：

动物表演：马戏团的动物和动物园里的动物

不同，前者经过训练，会表演把戏，也都会披戴一些装饰，使人在真实和幻想之间获得兴奋感的满足。马戏团常见的动物有猴子、大象、狮子、老虎等等。当然，少不了有马的表演，否则就不算是“马”戏团啦！表演的项目常见的有跳火圈、四足动物的前足悬空走路、向观众敬礼、列队游行等等。这些动物看起来善解人意，比较像故事书中的动物，容易拟人化，所以深受小朋友喜爱。

特技表演：所谓特技，就是一般人做不到的技巧，它基本上是体操的动作，如翻滚跳跃。但由于表演者穿上鲜艳华丽的服装，给人神奇的感受，很少有孩子看到空中飞人在秋千上荡来荡去能不鼓掌欢呼的。在马戏团里，人能飞，跳得比常人高，跑得比常人快，总之就是孩子心里以为或是希望自己能达到的巅峰成就。

小丑：日常生活中所见多半是道貌岸然的人，若有人被称为小丑，通常是指他不正经、爱耍鬼，总是责备多于夸赞。但是在马戏团里，小丑却是不可或缺的角色。小丑出场时，观众们欢声雷动，受欢迎的程度真是不亚于其他的艺术表演者。小丑的打扮很夸张，动作更是逗趣，他会故意表演惊险动作，“害”观众吓得惊叫，但他总能化险为夷，让大人小孩都能在紧张之后松一口气。

其实在生活里，有些孩子喜欢扮小丑。也许父母的严肃使他紧张，他试着制造滑稽的气氛，以平衡或纾解压力。但是扮小丑的孩子往往遭到大人的斥责。我想，扮小丑的孩子应该是很敏感的，他对人的情绪感受及反应都比一般孩子快，而且他也有幽默感，否则他分不清什么是好笑的，什么是不好笑的，就当不成小丑了。

家有爱扮小丑的孩子的父母不必担心，他爱当甘草正表示他的善解人意，不要让大人的正经破坏了他的这项能力。他一辈子都会需要它。

马戏团的综艺性当然少不了声、光、色，马戏团常用的音乐都是欢欣鼓舞的、热闹的、令人振奋的。大乐队的演奏是构成整个表演的灵魂要素，它的节奏和旋律是孩子能接受认同的，所以没见过孩子在看马戏时睡着了，或是无聊得伸懒腰。

灯光的控制也是成败的要素。空中飞人的表演如果没有聚光灯的照射，就减少了那种高空的感觉。孩子在日常生活中看到的灯光以日光色和月光色为主，但是在马戏团里，五光十色的灯光所造成的视觉幻感，令人遐想。

如果你没看过马戏团的表演，任我们怎么形

容都很难想象它带给孩子的快乐。有机会别忘了带孩子去体验一下吧。

以马戏团为背景的童书也不少，经历之前或经历之后阅读都很适合。例如《午夜马戏团》中，杂货店的电动木马是小华的好朋友，失去心爱的木马后，梦境让他们再度相聚，小华还成为马戏团里大显身手的小英雄。《莎丽要去演马戏》里，莎丽一直梦想能够加入马戏团。一天马戏团来到镇上，莎丽兴冲冲地跑去。你猜，她会成为驯兽师、空中飞人还是小丑？

《午夜马戏团》 皮特·克灵顿／文、图

《莎丽要去演马戏》 梅布丝／文 布赫兹／图

第八篇

知识篇

知识宝库

宇宙充满了奥妙，孩子的脑袋则充满了各式各样的问题。从老祖宗开始，人类大多从对自然的观察中去获得知识，大自然是人类的第一位启蒙恩师。

有很长一段时间，人们必须上学向老师求取知识。那时书是奢侈品，一般人难得拥有图书，而老师都是知识分子，比寻常百姓有更多的机会看到书，所以老师可以以“贩卖知识”维生。如果有的老师安全感不够，还会留一手，不肯全部教给学生呢！

如今我们有很多传递知识的书，只要有阅读能力，翻开书，就如请一位博学又有耐心的老师到身边来。知识已经不是某个人独有的，那些认知类的童书的作者、画者、译者、编者等，都分担了老师的工作，将他们的专业知识和训练，呈现在书上，教给读书的人。

认知类的童书一直都是父母比较容易认识的。因为它们的目的非常清楚，比较像传统的课本，是要介绍孩子认识这个世界，内容以呈现“这个是什么”为主。这一类的书如果孩子读完，父母要出考题考他，是比较容易的。

其他的童书可以夸张、想象，可是认知类的

童书是知识性的，通常强调真实和正确，不真实或是不正确的知识，不管编辑得多么美好，都没什么价值。

家中有些认知类的童书可以减轻父母回答孩子各样问题的压力。可是有些知识性的书，或许是为了保持其完整性，会以成套的方式销售，买一套可能就占满了书架，但是使用的时间较长。另一个问题是，知识更新的日新月异使得这一类的书容易“过时”，所以要注意编辑和出版的年代，判断该不该挑选。

新的不一定比旧的好，最有保障的方法就是多比较，总要是自己喜欢的才会多使用。价钱也是考虑因素之一。台湾的市场不大，一旦出书，数量有限，无法以量制价，所以一般家庭会考虑预算，但是有的出版社也了解消费者的困难，推出分期付款方案，化整为零，减轻负担。

注音符号

在儿童文学的历史上，西方最早专为幼儿做的图画书就是字母书。原因很简单，英文是拼字发音，只要认得26个字母，几乎就可以“会念就会写，会写就会念”，就不是文盲了。而要学26

个字母并不太难，所以人们就将它们以各种方式编成图画书，直到如今，这一类的英文童书还是很多。最简单的大概就是以孩子熟悉的物品配合字母和单字，例如A，apple，然后上面画个苹果。幼小孩子看到图，知道是apple，眼睛也认到A了。

中文就没那么简单了。我们的文字是方块字，每个字都像是图画。例如象形字，你可以猜它“长得像什么”，却不见得能猜出它该怎么念。因此学中文就需要某种拼音方式。这一代在台湾长大的孩子从小上学就学注音符号，大部分的孩子只要认得注音符号，学会拼音，即使遇见不认得的字，只要有注音就念得出来。注音符号像学步车，让小孩虽然不识字，却可以读字，就如学步车让还不会走路的小孩可以移动。

但是学步车不必用太久，随着识字能力的成长，注音符号是在遇到不认识的字时，才需要劳驾的。顺便一提的是：很多大人以为小孩子看的书都必须有注音符号，这个观念大概是因为我们小时候读的课本都有注音，而且考试也考注音，我们就不敢将这个“学步车”闲置，几乎把它当拐杖使用了。

由于大人对注音符号的依赖，出版社常无法顾及该书的实际情况，判断该不该附上注音。有时候附上注音实在很勉强，影响到字体的大小和画面的编排。其实童书需不需要注音要看情形：

一、幼儿看图画书通常先看图画，不看字，字是给大人看，再讲或念给孩子听的。所以，如果你认得书里大部分的字，不注音也没关系。

二、有的书图大字少，画面上有足够的空间给注音符号，那么注音也没关系。

三、如果字数多，本来光排字就已经密密麻麻的，再放注音字就更小了，字太小对视力损伤大，得不偿失，这就有关系了。

四、如果孩子已经开始认得字，也会自己读了，若书中有几个字不会读，大人协助他查字典，可以培养他谦虚的美德，所以有没有注音也没关系。

五、如果这本书的主要目的就是教注音符号，那最好要有注音符号，这个就大大有关系了！

颜色

人的眼睛看物体时，一定会看到颜色，颜色是构成这个缤纷世界的重要元素之一。

颜色最主要的是红、蓝、黄三原色，由这

三个颜色可以变出无限多的颜色。一般人说的出的颜色很有限，除了彩虹上的红、橙、黄、绿、蓝、靛、紫，很多时候我们都“词穷”。粉红、暗红、淡蓝、宝蓝、藏青、鹅黄、浅紫、草绿……

颜色真是令人着迷。不妨让孩子多认识颜色，可以让他在描述事物的时候有更多的词汇。

《小蓝和小黄》 李欧·李奥尼／文、图

童书中，颜色也能当主角喔！例如《小蓝和小黄》中，小蓝和小黄不小心抱在一起，变成了小绿。双方的父母都认不出它们了。它们伤心地哭呀哭，变成了两堆黄眼泪和蓝眼泪，才变回自己。这本经典童书赢得了无数大人小孩的喜爱，在蓝、黄、绿的简单块状变化中，趣味盎然。

《我的蓝气球》 米克·英克彭／文、图

《我的蓝气球》里，蓝气球吹不破、踩不坏，偶尔还会带你去飞一飞。图书配合蓝气球的变化，设计了拉页、海报。《红气球》描写一个红气球飘到空中，令人有无数的联想。飘到空中是红色的蝴蝶，掉到地上又变成红色的苹果。

《七只瞎老鼠》 杨志成／文、图

《七只瞎老鼠》改写自印度民间“盲人摸象”的故事，红、橙、黄、绿、蓝、紫、白七只瞎老鼠，发现了个怪东西。星期一红老鼠去摸，说是根大柱子；星期二绿老鼠去摸，却说是条蛇；最后，聪明的白老鼠发现了正确的答案。此外，《变色鸟》中，变色鸟爱吃果子。变色鸟如何变色？吃了果子会怎么样呢？《阿兰和彩线》叙述阿兰在路上捡到一束很漂亮的彩线，有红的、黄的、紫的……为什么彩线又被挂在天上，变成美丽的彩虹？

《颜色是怎么来的？》则写一个魔术师调制颜色，将原本灰灰的大地变为全蓝、全黄、全红，色彩令人非常不舒服，幸好这三原色混合后产生许许多多缤纷的色彩，人们才满意地生活在这美丽的世界上。

声音

《圣经》里有多处讲到非常重要的信念时，就会出现“凡有耳的，都应当听”这句话。的确，大部分听力正常的人往往对重要的事情充耳不闻，对于小道八卦反倒洗耳恭听，真是对不起我们的双耳。其实耳朵是很复杂灵敏的器官，孩子的听觉和听力需要大人教他珍惜，好让他终身都能享受声音之美。

童书中要表达声音不是很容易，但是有些动物的叫声却是孩子喜欢的。大人若能学几样动物的叫声，说故事时会更生动，例如《小鸡换声音》中，小鸡汪汪叫，青蛙哦咿叫，小猪吱吱

《阿兰和彩线》
郑惠英／文　吕游铭／图

《颜色是怎么来的？》
艾诺・洛贝尔／文、图

《好忙的蜘蛛》 艾瑞·卡尔／文、图

《彼得和野狼》 普罗科菲耶夫／文 汉斯－金特·霍伊曼编曲／图

《大家来听音乐会》 劳埃德·莫斯／文 玛乔丽·普赖斯曼／图

叫，大家的叫声都变了。《好忙的蜘蛛》中也有各种动物的叫声，不知各地的动物是否也有语言隔阂？你猜，美洲的猪叫和台湾地区的猪叫有什么不同？

生活中也有很多声音，例如《嘘》中的小娃娃睡午觉，嘘，不要吵醒他。忽然闹钟铃响，来不及了，周围恢复了各种声音。《音乐小精灵》里，音乐无所不在。蝉鸣蛙叫、风吹落叶、雨打芭蕉、流水、跳鱼、小鸟、秋虫、风铃，教孩子学着聆听大自然的声音。你听，哪里传来好听的声音？让我们和音乐小精灵一起寻找吧。

音乐会就是比较正式的音乐了。《彼得和野狼》以优美的插画表达普罗高菲夫的音乐，透过精致的图画为读者演出彼得与小鸟智取野狼的好戏。亲子不妨一边欣赏童书，一边聆听“彼得与狼”的音乐，让孩子充分享受视听之乐。《大家来听音乐会》介绍音乐和乐器。以长号独奏开始，每加一种乐器，乐团就增加一种乐音。若有机会让孩子亲耳听听每样乐器的声音就更好了。

马	牛	绵羊	山羊	猪	狗	猫	鸭	公鸡	猫头鹰
ㄋㄟ	ㄇㄡ	ㄅㄝ	ㄇㄝ	ㄡㄧㄥ	ㄨㄤ	ㄇㄧㄠ	ㄍㄨㄚ	ㄍㄜ	ㄨ
Neigh	moo	baa	maa	Oink	Woof	Meow	Quack	cock–a–doodle do	whoo

数学

多数人都同意数学很重要，可是想到数学就头大。有些人上小学的时候，算术学得还不错，但是再往后学就后继无力、好景不长了。为了考试能多拿几分，很多人都在补习班补过数学。花了不少时间和金钱，考试多不了几分。平均联考数学每一分都花了好几千块钱吧？面对这个“宿敌”，不理它也不行。你借着跟孩子一起看数学图画书，好好弥补求学时期的遗憾吧！

对幼小的孩子来说，《123数数儿——宝宝的第一本数数儿翻翻书》可以让孩子一边看，一边数数，一边翻阅小轧形片的数学玩具书，以顺口、押韵的儿歌，引导孩子在吟念过程中，自然地学会1~20的数字。《棒棒天使》中棒棒天使瘦，胖胖天使胖；棒棒天使高，胖胖天使矮。孩子可以借着活泼生动的情节，获得高矮、大小、轻重等基本概念。

有关数学概念的图画书中，安野光雅的书实在是集艺术、科学与趣味于一身，例如《数数看》，是一本无字图画书。《十个人快乐地搬家》以十个孩子搬家的故事，来引导孩子发现数字可以分解、合成，但总数却是不变的规律。《奇妙的种子》叙述在大自然的运作下，

《棒棒天使》
杨月秀／文 赵国宗／图

《数数看》
安野光雅／文、图

《十个人快乐地搬家》
安野光雅／文、图

种子会发芽生长、增量。具体数一数，孩子会发现种子已经比原先增加了许多。有的种子贮藏起来，有的卖出，剩余的再种植，孩子从中可学到规划、分配的观念，数字也变得更有意义。《壶中的故事》则描写一个造型优美的壶里，蕴含着海水，水上有个岛，岛上有两个国家，每个国家有三座山，每座山有四个王国。借由一个神秘的壶，呈现阶乘概念下不断增殖的惊人现象。

《奇妙的种子》 安野光雅／文、图

《壶中的故事》 安野光雅／文、图

图鉴

很多知识领域我们都很想探求，但是生活中不一定找得到实物。

即使有实物，不一定看得清楚。

即使看清楚了，不一定知道那是什么或为什么。

即使想问别人，别人不一定知道。

即使他知道，他不一定有时间跟你耗。

除非我们就放弃探索，除非我们就压抑好奇，否则一定用得到图鉴。

图鉴是以图片说明物品，不必全靠文字解释和形容，英文有句话说：A picture worths

more than thousand words.（一图胜千言。）图鉴有不同的编写理念和目的，从简单到复杂，满足不同年龄、不同需要的读者。对于幼儿来说，图鉴需要简单一点，让他一目了然，而非提供太多的知识，把他吓得倒胃口了。简单明确的图鉴，例如《宝宝的第一本动物图画书》《蛋》以及《我是这样长大的》，叙述多种动物的生长过程，图片很清楚，有狗、猫、青蛙、鸭子、兔子、鸡、羊、蝴蝶、马、猪、牛、老鼠、猫头鹰、狐狸、企鹅、长颈鹿，适合幼儿认识动物、了解它们基本的习性。

对大一点的孩子来说，需要多一点说明，才能满足他的求知欲。例如介绍天上飞的动物的书有《鸟儿的家》，介绍常见的留鸟。鸟儿的家是哺育雏鸟的地方，每种鸟儿筑巢的地方都不一样，有的在树上，有的挖土洞，有的在很高的悬崖上，有的浮在水面上。

介绍地上跑的动物的书有《猜猜看这是谁的手和脚？》，以猜谜的方式让孩子认识动物，从锐利的爪子，到扁平的指甲，从指头的数目看奔跑的速度等。

介绍地下钻的动物的书有《地底下的动物》。地底下有个动物世界，它们不喜欢阳光，在土里自给自足，有的一辈子都不会到地面上来。

《蛋》
罗伯特·伯顿／文、图

《鸟儿的家》
何华仁／文、图

《地底下的动物》
大野正男／文 松冈达英／图

《豆子》平山和子／文、图

《工具》加古里子／文、图

也有介绍植物的图鉴，让孩子除了在自然中观察植物的生长之外，还能在书页间看到整个过程，例如《豆子》以精确的图解说明种植豆子的详细过程。

我小时候拆过大人的手表、时钟等会动的“机器”，实在不是捣蛋，而是忍不住想看看到底里面是什么，为什么它会动。当然，拆是拆了，也挨骂了，还是没看出什么名堂。如今有一些图鉴，能解决这个苦恼。当然，书不能取代实物，如果你家有用坏了的器具，在丢掉之前，不妨让孩子拆开看看。大人要在一旁指导，以避免发生伤害及危险。

有些机械类的物品属于工具，孩子会有机会观察到大人使用。《工具》一书可引起孩子探索工具的兴趣，了解工具是什么、工具的类型和用途。

有科学启蒙童书，如《进入科学世界的图画书》，介绍了光、水、颜色、空气、生长、磁铁、声音、电、能量、感官、机械、冷和热、运动、重力、气候等内容。《我的大书——交通工具》则是介绍孩子最感兴趣的交通工具。

其实只要是好的图鉴都可以给孩子带来视觉享受，无形中也让孩子吸收了知识。例如“自然珍藏”系列图鉴介绍了贝壳（500多种）、化石

（500多种）、彩蝶与飞蛾、岩石与矿物（500多种）、宝石（100多种）、蕈类、鲸与海豚、树木、鸟蛋（500多种）、观赏鱼（500多种）、猫咪、家犬（300多种）、鸟类（800多种）、马（100多种）、药用植物（700多种）等内容，真像一座纸上博物馆。

我最喜欢的一本图鉴就是《大教堂》了，就算不读文字，两眼在书上走来走去，也是至高的视觉享受。作者大卫·麦考利是学建筑的，他巨细靡遗地记下了建造一座哥特式教堂的轨迹。

《大教堂》
大卫·麦考利／文、图

百科全书

百科全书是指以辞典形式编排的大型参考书，完备地对科学文化知识进行汇编，收集各科专门术语、重要名词、分列条目，加以详细、系统和全面地叙述说明，并附有图片和参考书目。

百科全书通常是大部头的，从数十本到上百本不等。现代的百科全书中，也有适合幼儿的阅读水平的，例如《鹿桥真善美世界》分为一年四季（春天、夏天、秋天、冬天）、四大元素（水、火、空气、大地）、我的一天（早上、下午、晚上、深夜）、我的家人（小孩子、青少年、父母、祖父母）、我的五种感觉（视觉、听觉、嗅觉、味觉、触觉）、生活的环境（城市、乡村、山上、海边）、旅行的方式（汽车、火车、轮船、飞机）、以及地球上的生物（陆地上、海里、空中、地底下的生物）。

同样的，只要是好的、有图画的百科全书也都能使孩子流连于书页间，例如《新世纪自然百科全书》“口袋图书馆”系列（只有12. 8厘米×9. 7厘米大小，包括岩石与矿物、树、汽车、猫、鸟类、昆虫、太空科学、蝴蝶与蛾、气象小百科、运动小百科、科学小百科及《圣经》小百科）。

本土出版的百科全书也有非常精彩的，例如《汉声小百科》《汉声小小百科》《中华儿童百科全书》等，都适合不同年龄的孩子参考。

《小小自然图书馆》

帕帕尤娜 奥斯兰姆 拉帕塔 德斯特／著

《小小自然图书馆》一套有40本，内容包罗万象，融合科学和艺术，是孩子的生态索引指南。

由于价格较高，有的出版社会提供分期付款。真正有需要的人不妨考虑利用这种化整为零的付款方式。

字典

字典，就是认字的书。

大多数人长大后都不太使用字典或辞典了，不是因为已经认得所有的汉字，而是以为汉字反正是“有边读边，没边读中间”，读错了就算了。因此有些字或词常被以讹传讹，大家以为用同一个字或词，就表达同样的意思。

其实翻字典是很有趣的。随意翻阅字典是我的嗜好之一，大概是因为从小父亲就很鼓励我查字典的原故。有时我看到比较少见的字，也会考考他。每次考倒他，我就很开心，他也很得意，毕竟被孩子赶上是件欣慰的事。

上大学后，恩师徐世棠先生更将查字典的功夫当做学习最基本的训练动作。他有两位恩师，一位是编《远东英汉大辞典》和《远东新袖珍汉英辞典》的梁实秋先生，一位是编“无敌”电子辞典的吴炳钟先生。这些老师对差词遣字的谨慎和认真，令我十分敬佩，也鼓励大家多用字典。

幼儿从看书中自然而然地认字，还需要字典吗？幼儿的字典大多是图画字典，给幼儿用的字典，与其说是让他学认字，不如说是培养他使用字典的习惯，所以不一定是买字多的就比较划算，例如《幼儿迷你字典》《相反词图画字典》

等，字都不多，而是以图画为主。

时间

在神的眼中，千年如一日，一日如千年。虽然时间有秒、分、时、日、周、月、年等明确的区分单位，但是时间就是生命。生命最重要的是质量，如何量化呢？对幼儿来说，时间是很抽象的，是主观的，当他在盼望一件事时，他会觉得时间很长，五分钟的等待也是难耐的；当他在享受一件事时，他会觉得时间很短，玩了两个小时，他还说只玩了一下下。

随着年龄增长，生活就不再是“山中日月长”了，每天都有排定的行程，可能拖延了一件事就会耽误了下一件事。人在分割的时间中变得很紧张，本来时间是供人使用的，却不小心被时间压迫、追赶，有人与时间成了对手，有人与时间成了敌人，因此我们应该让孩子自幼体会如何智慧地看待时间。《圣经》上说：“求神教我们数算自己的日子，好叫我们得着智慧的心。”数算日子就是认识时间对人的意义。

所有的故事都与时间有关，有开始、有过程、有结束，这是先后顺序。分享童书时，不妨顺便跟孩子谈谈时间。直接谈到时间的童书虽不多，但还是有值得一读的，例如《金老爷买钟》里，金老爷家的四座钟，时间都不一样，金老爷很苦恼，请了钟表师傅来检查，结果却是每座钟都准，你猜为什么？

《慌张先生》的书里就有一个可操作的时钟。故事描述森林里的大树村，在傍晚要上演一出好戏。动物村民开开心心地打扮好自己，然后从家里出发，准备看戏去。只有慌张先生在家里睡觉，睡到戏快开演了，才慌慌张张地跳下床，一路往剧场直冲，还一边担心自己今天要演主角，却可能迟到了，这可怎么办才好。等到慌张先生急急忙忙爬上舞台，才猛然发现，自己的戏明天才上演……

《黑与白》是一部很有趣的书，在一页中同时展开四个画面，却可能是同时发生的四件事，或者只是一个故事，可以一读再读，每次读都会有新发现。

《金老爷买钟》
帕特·郝钦斯／文、图

《慌张先生》
赖马／文、图

《黑与白》
大卫·麦考利／文、图

身体和五官

有一段时间，幼儿会对自己的身体感到好奇得不得了。身体里面的器官看不见，对小孩

子来说是抽象的。记得小时候看到一些关于人体器官的图解，心脏在中间，肺脏在两边，肝脏在下面。这虽然让我对器官的位置有了粗浅的了解，但在那段时期，我时时害怕、担心：如果我蹦蹦跳跳地动着，这些器官会不会因此“走位”？

现代的小孩不必那么呆了，有些介绍人体结构和功能的图画书把这些说明得相当清楚。例如《认识自己的身体——我的第一本人体图画书》，介绍了人体各种不可思议的现象。书很大，又有透明胶片，所以将人体的里里外外看得一清二楚。

《你的身体》介绍全世界有千千万万的小朋友，但是没有一个和你一模一样。外表、想法和感觉都不同。你是与众不同，举世无双的，从头顶到脚趾。

《骨头》里有鱼骨头和没有骨架的章鱼的对照，黑白的动物骨架和彩色的动物外观的对照。图示呈现了人类模仿动物骨架后所制造的东西。《血的故事》《脚丫子的故事》《我的小小急救手册》都是这一类的童书。

《认识自己的身体——我的第一本人体图画书》 梅兰妮·克里斯·赖斯／文 爱丽丝·纳德勒／图

《骨头》 崛内诚一／文、图

《我的小小急救手册》 山田真／文 柳生弦一郎／图

第九篇

品格篇

快乐

有一次我跟朋友聊天，他很兴奋地分享他读到有关人脑发育的文章，也想到要发明一种玩具可以帮助孩子的脑部发育得更好，变得更聪明。我捉狭地问：“聪明的人一定快乐吗？”他愣了一下，身旁九岁的女儿笃定地说：“不一定！”

我好奇地问：“聪明的人要怎么样才会快乐？”

她说：“只有将聪明用在对的事情上，才会快乐！”

我肃然起敬，如此的智慧，许多大人一辈子都没想通过呢！

广告中经常有一种信息，非常吸引父母。不管推销的是奶粉、书籍、玩具还是教材，都保证孩子使用后一定会聪明，言下之意，聪明必引致成功。的确，聪明的人令人羡慕，他们学习好像比较不辛苦，他们也容易有自信，因为他们比较常“赢”。我们从对人的观察中多少也发现，聪明有一部分是遗传的，这个部分改变不了，但是后天的培养部分似乎可以弥补先天的不足，于是父母也愿意尽可能提供“改善体质”的环境，好让孩子“比我们聪明”。

然而当我们接触过更多的人后，或许也很

难否认：聪明的人不一定快乐，甚至“聪明反被聪明误，聪明反为聪明苦”。如何不被误？如何真正活出圆满的人生？如果你相信人生都是苦海，而且人生不如意十常八九，那么这章就可以略过不读。如果你相信人的生老病死是有目的和意义的，人活着是为了爱，当人越早认识爱的本质，越早接受爱的根源，就能越早享受快乐的人生，那么借着图画书真的可以帮助孩子体会爱。

分享

分享是指和他人共享食物、共享物品，将自己的想法、经验、喜悦等告诉别人，或把自己的东西借给别人。

在物资困乏的时代，左邻右舍习惯共享资源，而现代的孩子生活物资较以往丰裕，需要什么就花钱去买，人跟人之间分享的机会反而减少了。因此，大人可能无意识地在生活上教导孩子：自己拥有的要小心守好，不容别人侵犯；自己没有而想要的，可以要求爸妈买，不要用别人的。

然而，分享发生在自然的机会下，不只是一

种观念或行为，而是一种情操。分享或许也有节省或互利的目的，但是分享真正的价值在于爱的流通。例如在《鲁拉鲁先生的草地》里，鲁拉鲁先生的宝贝是他那一大片草地，他每天细心照顾这片草地，不准别人靠近。这天他发现草地上躺了根大木头，于是展开驱逐行动，结果发现这根大木头并非木头，而是一只大鳄鱼。鳄鱼邀请他躺下，享受小草扎在身上刺刺痒痒的感觉，使他体会他心爱的草地不应只是他的。

《鲁拉鲁先生的草地》
伊东宽／文、图

《花婆婆》谈到女孩答应爷爷要做一件让世界更美丽的事情。长大后，她逐步完成其他的心愿，直到生病了，才想起她的承诺。于是她到处散播花种，让整个山坡原野都开满了野花，她也告诉年幼的孩子们，有生之年要做一件使世界更美丽的事。

《花婆婆》
芭芭拉·库尼／文、图

《珍珠》则是讲小海獭捡到一个珍珠蚌，却遭到森林朋友们的忌妒和攻讦。大家大打出手，甚至还引起一场森林大火。后来珍珠决定将珍珠蚌丢回湖里，才又过上了安宁的日子。

《珍珠》
赫尔姆·海涅／文、图

《三个强盗》中，三个人见人怕的强盗抢了很多财宝。一天他们劫了一辆马车，车里有一个小女孩。他们只好抚养她。之后他们又领养了许多走失、不快乐、没人要的小孩，成了一个村子，三个强盗成了好心的养父。

《这是我的》中，三只青蛙成天计较“这是我的”这件事。一天大雨成灾，险象环生，它们幸好在一块石头上躲过此劫。水退后它们才发现原来那是邻居大蟾蜍。它们终于体会到居住环境是“我们的”。而《辛爷爷的怪兽》里，退休老人辛爷爷孤独过日。他的果园里有棵梨树。一天他发现又大又甜的梨子全被偷摘了，只剩了一个。他就守候，捉到了偷梨的怪兽，他反而给它好东西吃，他们成了好朋友。

孙越叔叔有句名言：“好东西要和好朋友分享。”也可以说，一经分享，即使是普通的东西也变成好东西了；一经分享，即使是普通朋友也变成好朋友了。因为里面有情、有爱呀！

合作

现代的社会鼓励人们要独立思考，培养自立自主的精神，遇到困难要有解决问题的能力，似乎这些能力具备后就能面对所有的人生问题。然而，未来的世界因着科技的发达，表面上看起来生活越来越简化，但是其背后的运作却是越来越复杂。因此，与他人合作的能力更加重要。就像篮球队，即使是梦幻球队，如果队员不能合作，

《三个强盗》
汤米·昂格雷尔／文、图

《这是我的》
李欧·李奥尼／文、图

《辛爷爷的怪兽》
汤米·昂格雷尔／文、图

光顾着自己要投篮得分，这场球赛也一定不好看。总要有人带球、传球、防守、投篮，才是精彩的球赛。

合作就是指为了共同的目的，和他人一起工作或行动，包括合力完成和分工完成。例如《好朋友一起走》中，小乌龟被其他动物一一超过，但先到的小动物遇到河，过不到对岸去，只好等乌龟来时，利用一块浮木将大家推向对岸。

《十四只老鼠吃早餐》描述老鼠们彼此分工、配合准备早餐的经过。而《十四只老鼠洗衣服》中也呈现老鼠们分工洗衣的情形。

《武士与龙》里，武士和龙本来互相敌对，以致两败俱伤，后来改为建设性的合作，将原先攻击对方的本事用来服务他人，与他人分享烤肉。而《小黑鱼》中，小黑鱼有聪明的领导能力，领导一群小红鱼排成大鱼形状，它自己当眼睛，以团队精神吓走其他凶猛的大鱼，而得以自由地畅游大海洋。

分工不等于合作，但是适当的分工会使合作容易可行些。要懂得分工，则需要知己知彼，让个人的长处得以发挥，以完成共同的任务。

《好朋友一起走》 刘宗铭／文、图

《十四只老鼠吃早餐》 岩村和朗／文、图

《小黑鱼》 李欧·李奥尼／文、图

关心与照顾

孩子从呱呱坠地起就受到大人的关心和照顾。所有动物中，人类的婴儿依赖期最长，也因此人类的小孩跟大人的关系最亲密，依附程度最深。

在被照顾的过程中，孩子感觉到被爱，但是渐渐地他们也需要学着体贴别人，甚至表现出对别人的关心和照顾。如果孩子只是单方面接受别人的照顾，而不知学着照顾别人，长大后，他对自己的能力会产生怀疑，那种“我真没用”和“我不被需要”的感觉，会让孩子没有自信，而形成负面的自我概念。

让孩子练习着照顾自己、照顾别人，即使他能做的有限也没关系，重要的是心意。在照顾和被照顾中，他体会到这是个有情的世界。童书中常出现“照顾”的情节。照顾指养育、照料、看护或陪伴他人于需要或急难之中，包括减轻生理的病痛及生活上的照料。例如《小宝宝》中，哥哥为小宝宝做许多事，照顾新生的婴儿。

病痛中的人特别需要别人的关心和照顾，《我会把你医好的》故事里，小熊替跌倒的小老虎包扎伤口。《钱宁强鼻子长》里，熊因为手掌痛得难受，看起来好忧愁。钱宁强为了减轻熊的

《小宝宝》
吕蔼玲／文 董大山／图

《我会把你医好的》
雅诺什／文、图

《钱宁强鼻子长》
克鲁兹·路易斯／文 艾得哥奇／图

《我希望我也生病》 弗朗兹·布兰登伯格／文 阿里奇／图

《下雨天接爸爸》 征矢清／文 长新太／图

《雨小孩》 劳拉·克劳斯·梅尔梅德／文 吉姆·拉马什／图

痛苦，找来一块布，用鼻子把熊的手掌挂住，让熊感觉好舒服。《我希望我也生病》中，描述爸爸为生病的哥哥及咪咪敷上冷毛巾，使他们的体温降下来。

《下雨天接爸爸》中，下雨了，孩子关心爸爸没带伞，因而带着伞去车站接爸爸。他借着想象排除焦虑，也终于接到了爸爸。

在《雨小孩》中，我们看到一对夫妇如何尽心尽力地照顾12个雨小孩。因为他们的爱心充足，月仙子也赐给他们一个女儿。

当你与孩子分享这些书时，不妨跟孩子谈谈照顾的细节，使关心和照顾能更具体。当孩子在生活上有关心和照顾的表现时，你也要懂得感动喔！

助人

助人为快乐之本，幼儿虽然比较以自我为中心，但是若能见人有难而伸出援手，当别人解决问题、脱离险境或痛苦时，他心中的快乐也是难以形容的。

帮忙是指直接或间接协助他人完成特殊目的或任务，以满足他人的需求，或解救他人于危险或暴力中的行为，包括劳动性帮忙、提供指示或建议、教导知识或传授技能、传达信息、救助他人。童书中不乏助人的题材，也提供给孩子将心比心及设身处地思考的能力。

劳动性帮忙通常不需特别的能力，而是以举手之劳助人一臂之力。例如在《第一次上街买东西》中，小惠帮妈妈上街去买牛奶给弟弟喝。《阿伦王子历险记》中，阿伦的好朋友露西见到阿伦的车子坏掉了，就张开自己的翅膀用力地拉着车子前进。《谁要我帮忙？》描述了小荣对他人所提供的许多帮助，包括帮忙递香肠给丁先生、帮梅阿姨在面包袋子上盖日期、替汤先生送鞋给梅阿姨、帮包妈妈喂金鱼和小鸟等。

有关提供指示或建议方面的故事，例如《祖母的妙法》中，祖母给胆小的阿力一些指示，果然帮他解决了问题，使阿力不再胆小。

救助他人指的是直接解救处于危险或暴力之中的人，或间接提醒、警告他人灾难将至的消息，以助人脱离困境。例如《一个奇特的蛋》中，青蛙贾思嘉被水草困住了，幸好小鳄鱼救了它。《威威找记忆》中的小男孩司徒威威住在老人院旁，经常帮助那儿的老人。南茜奶奶得了失忆症，威威想尽办法帮她找回记忆，这一段忘年之交令人感动。

《第一次上街买东西》
筒井赖子／文　林明子／图

《谁要我帮忙？》
乔·拉斯克／文、图

《一个奇特的蛋》
李欧·李奥尼／文、图

教导知识或传授技能也是助人的一种，例如《天空在脚下》的柏里尼教米瑞如何在绳子上平躺、跳跃、敬礼、翻跟斗。

传达信息是指帮助处于危险中的人传达消息给可以提供救助的人。例如《野马之歌》里，两个猎人偶然发现了失踪的女孩，可是雄马很快将女孩带走了，于是猎人飞奔回去将这件事告诉村人，村里的勇士立刻骑上快马，去追女孩。

在看过、讨论过图画书中的助人情节后，如果看到孩子在生活上有了自然的热心助人的行为，可别又说他很“鸡婆”喔！帮助别人有时是要付出代价的，大人有时为了帮助别人，不小心吃了亏，在惨痛的教训中，痛定思痛，所以会担心孩子不懂事，自不量力，甚至使自己落入圈套，因此在教导上产生矛盾，使孩子无所适从。

助人是天性中的良善面，但是如何有效地助人却是需要学习的。在累积了许多助人的经验后，若能在过程中先评估代价，并甘心吃亏，就可以减少危险发生的概率。

《天空在脚下》 艾米丽·阿诺德·麦考利／文、图

《野马之歌》 保罗·高德／文、图

给予

给予是指把自己拥有的东西送给别人。我的

东西，为什么要给别人？

有人觉得，我有能力给别人，表示我常常有余，值得庆幸。这样的心态看起来好像是知足感恩，其实有点幸灾乐祸。如果我们以为我们所拥有的都是凭自己的本事挣来的，见到有需要的人就会瞧不起他们，而且即使给他们一些，也是以施舍的心态，就使得给予变成一件不美的事了。

有人认为，我多给别人，人家也会多回报。若回报高于付出，就沾沾自喜，若回报低于付出，难免懊恼。也有人将给予当做“接受回报的前置动作”，例如他们会告诉孩子说：“你对别人慷慨，别人就会对你慷慨。”万一孩子发现他给予的并未得到对等的回馈，会不会很失望呢？

虽然这些想法都多少鼓励我们乐善好施，但总是没能享受真正给予的乐趣。

许多童书里的给予情节都有上述的问题，因此，大人跟孩子讨论时要格外小心。

例如《迟到大王》里，小包和咪咪因为阿迪的闹钟坏掉了，常常迟到，所以送给阿迪一个闹钟。《种金子》里，阿凡提故意让小气富翁看到他在种金子，并说服他“种金得金”，于是富翁给他一大袋金子。阿凡提将之送给穷人，并以“金子既然能种、能长，就会枯死”来向富翁

《迟到大王》
约翰·柏林罕／文、图

《种金子》
林文玲德／文　张振松／图

解释。

当孩子太小气时，你或许会担心他不受欢迎，人缘不好，但是慷慨也要适度。教孩子“给”，是要甘心乐意。有的孩子人缘不佳，以为拿东西给别人，就可以“换取”友谊，结果当然是交了一堆酒肉朋友。当他没东西给时，友谊也消失了。但是如果慷慨是因为他关怀别人，顾念别人的需要，不是为自己“赚”得友谊，那么友情就不是建立在物质上，他会宽心地给，欢欣地受。

尊重

近代教育家十分强调尊重孩子，传统中华文化虽没说不要尊重孩子，但是“尊”字出现时，通常都是针对“下对上”的关系，例如尊师重道、敬老尊贤。“尊”和“敬”常是一起出现，而“敬”和“畏”也如影相随。

因此尊敬和敬畏好像要看对象，如果对方比你年长、比你学位高、比你能干、比你有钱、比你优越，让你产生自卑，尊敬的态度就会出现，否则，对“不配”的人就不必浪费尊敬了，这就是势利眼的根源。在这种情形下得到的尊敬令人格外没有安全感，因为这种虚假的尊敬一点都没有保障，随时随地都可能因你处于劣势而失去别人的尊敬，这是廉价的尊敬。

真正的尊敬应该是尊重，不因对方值得不值得，只因他是一个个体。即使他很混、很坏，严重地亏缺了神的荣美，神虽痛恨他的恶形恶状，还是爱他这个“人”。从这样的出发点来看尊重，凡人都配得尊重，不分男女老少、聪明愚昧。这才是真正的尊重。

有了基本的尊重，才谈得上恭敬。内心里尊重，行为举止则恭敬。因此对一个人恭敬不一定要出于“畏惧”。我相信，当我很怕对方时，我就无法产生真正的敬意。时下乱杀乱砍的人就是将这些观念误解了。他们受不了别人鄙视的眼光，借着暴力惊吓别人，以为一旦使对方害怕，就能得到尊敬。

尊重也不是什么都不敢管，任由对方为所欲为，尤其是面对孩子时。基于尊重他的独特性，大人不要随己意扭曲他的本性，而应以“大禹治水”的方式，将其与生俱来的能力导向正面的发展。

童书中有许多情节都可以让我们体会尊重的真义。例如《威廉的洋娃娃》中，威廉很想要洋娃娃，但是因他是男孩，哥哥说他恶心，邻居小

《吉吉和磨磨》 黎芳玲／文 龚云鹏／图

《阿文的小毯子》 凯文·亨克斯／文、图

《巫婆与黑猫》 瓦莱里娅·托马斯／文、图

孩骂他娘娘腔，爸爸也只肯给他买别的玩具。经过漫长的等待，奶奶终于实现了他的心愿，还说他会学着做一个好父亲。并非奶奶纵容他，而是尊重他的喜好，因为他不是“只”爱玩洋娃娃。《吉吉和磨磨》里，快动作的兔子和慢吞吞的乌龟是朋友，它们学会了如何保有自我特质，又不妨碍对方。

《阿文的小毯子》中，阿文有条毯子成天带在身边，虽然邻居看不过去，妈妈却尊重他对毯子的依恋，将毯子化整为零，最终皆大欢喜。《巫婆与黑猫》里的巫婆，虽然爱猫，却因猫妨碍了她的行动而企图将黑猫变成彩色的猫。后来幸好她及时发现猫已不能自在自如，而想出了更好的方法。《让路给小鸭子》中，母鸭马拉太太在波士顿市外查尔士河里的小岛上生下了8只小鸭。小鸭学会走路后，马拉太太就要带它们回到公园去和它们的爸爸住在一起。但是街上车子熙往攘来，幸好一位警察命令所有的汽车都停下来，又派警车来保护它们，终于让这群鸭子神气又安全地到达目的地。这样一个连鸭子都受到尊重的地方，真教人羡慕。

《爱蜜莉》也是童书经典，除了图及文的美感让人享受之外，我们也看到人与人之间的绝对尊重。小孩对大人、大人对大人、大人对小孩，没有粗鲁，没有强迫。

内心有尊重，行为自然合乎规矩，自爱爱人，表现出适度的礼仪。《怎样做才对》以有趣的方式教导人，却不说教。《礼貌》也是谈不同场合中的适宜表现，重点都出于对自己及对别人的尊重。

勇气

《让路给小鸭子》
罗伯特·麦克洛斯基／文、图

《怎样做才对》
五味太郎／文、图

勇敢跟胆量关系很密切。如果孩子不敢做他该做或大人希望他做的事，我们就说他胆小。当孩子试着去做他原先不敢做的事时，我们说他勇敢。当孩子做了因我们禁止而他原先不敢做的事，我们说他鲁莽。勇敢的人不一定做对的事情，他只是“敢”，却有可能是有勇无谋。

勇气比勇敢抽象，勇气（courage）含有价值观的成分。

择善固执需要勇气，冥顽不化就不需要。

见义勇为需要勇气，见利忘义就不需要。

仗义执言需要勇气，强词夺理就不需要。

勇气需要培养，当一个人的是非观念越清楚、越明确，在面对两难的抉择时，就越有勇气择其所爱，爱其所择。勇气有时看起来像勇敢，因为勇气使人超越他心里的害怕，发挥潜在的能力。但是勇敢有时会导致后悔，勇气却令人无怨无悔。

发动战争的人勇敢，勇气则使人提倡和平。对对方认识不清就决定结婚是勇敢，交往过后发现对方不适合，而能决定不结婚，则需要勇气。标新立异的人勇敢，勇气则使人不追求流行。在这个时代，我们需要有更多的勇气，也需要更多有勇气的人。

童书中对勇气的描写也常和勇敢混淆，因此在诠释时要小心。例如《胆大小老鼠，胆小大巨人》中，巨人虽体形庞大，却胆子很小。而老鼠虽体形小，却胆子大。故事从书的两头分开进行，到了中间书页，它们成为了好朋友。它们的“胆量”使它们克服困难，赢得友谊。

《胆大小老鼠，胆小大巨人》 安格富修柏／文、图

有些书开“恐惧”的玩笑，例如《一个黑暗的故事》中，一只猫在黑幽幽的树林中，走进黑漆漆的房子，一路黑暗，直到终于看到一丝光线，原来是一只吓得半死的老鼠。《床底下的怪物》里，孩子慌慌张张地跑下楼告诉爷爷床底下有怪物，爷爷谈到自己小时候也遇过相同的情形，跟小孩同理，反而使小孙子成了爷爷的安慰者，劝他说那可能不是怪物。

《一个黑暗的故事》 露丝·布朗／文、图

《床底下的怪物》 詹姆士·史蒂文森／文、图

《我要来抓你啦！》以一个外层空间来的怪

兽制造紧张气氛。怪兽在雷达上发现男孩阿汤，还大叫：“我要来抓你啦！”结果那只怪兽终于在阿汤脚下现形，原来是一只小小的……

《国王的新衣》这个家喻户晓的故事更是透彻地说明了勇气。大臣们没勇气告诉国王真话，国王没勇气承认自己看不见新衣，只有小孩看破大人的愚昧，一针见血，让大家醒悟。《蓝弟和口琴》里，男孩蓝弟不会唱歌，也不会吹口哨，但是他勤练口琴，终于在一个欢迎大人物的场合中，小兵立大功。

强迫小孩勇敢，只会使他压抑内心的恐惧，这种压制可能转化为其他的情绪困扰。教导小孩认识勇气，才是培养他面对真实人生的能力。

《我要来抓你啦！》
托尼·罗斯／文、图

《蓝弟和口琴》
罗伯特·麦克洛斯基／文、图

感恩

基督徒在生活上最常有的“仪式”之一就是谢饭祷告。祷告是跟上帝交谈，感谢上帝赐生活所需。人总是需要吃的，因此在餐前谢饭至少不容易忘记。少食多餐的人就更是祷告频繁了。

其实何止有饭吃要感谢，睡不着或想睡不能睡时，就知道能睡觉要感谢；拿起电话能跟对方交谈，要为听得见感谢；仔细想想，许许多多理所当然的事，都不是偶然，因此深谙感恩“玄机”的人就会体会到要“凡事谢恩”。

感恩对幼儿来说反而容易，因为幼儿太知道自己一无所有了，他的日常生活都要靠别人（主要是父母）供给，此时培养感恩的情操最合适。

有关感恩的童书多是间接的，例如《光脚丫先生》中，光脚丫先生只有一只鞋，生活过得疙疙瘩瘩的，却如颜回不改其乐。甚至最后他接到一个包裹，里面的鞋跟他脚上的鞋不一样，他依然自得其乐，这种知足应该是出自感恩吧？真是令人捧腹又羡慕呢！

《光脚丫先生》
昆汀·布莱克／文、图

关于感恩最动人的故事大概就是《约瑟的彩衣》了。约瑟是雅各布的小儿子，自幼格外受宠。哥哥们因忌妒而将他丢进井里，并把他卖掉当奴隶，又骗父亲说他被野兽吃了。约瑟经历了许多事，13年后，他成了埃及的宰相，反而他的哥哥们因饥荒而来求救。他在确定他们已为出卖他而后悔后，说：“兄弟们，请不要为多年以前把我卖去当奴隶而悔恨。上帝一直与我同在，将我的困难化成祝福，我好想与你们分享这份祝福……”因着对上帝的信心，他在艰难时期学习看到祝福，使他成为掌握梦想的人，不但有同情心又谦卑，而且知道一切都来自上帝，而能真正地感恩。

第十篇

特殊话题篇

特殊问题

现今的童书已不限于童话故事。近年来，随着社会变迁的需要，陆续有一些帮助孩子面对生活危机的书出现，例如离婚、死亡、战争、生病、性等等。大人自己都不容易去应对的生、老、病、死、苦的人生问题，有必要让孩子了解吗？孩子什么时候才能了解这些问题呢？

这不是我们该不该跟孩子谈的问题，而是现代的新新人类暴露在视听媒体中的机会太多，父母很难去控制“孩子什么时候该懂什么”。很多父母在被孩子问到“我会不会死”或是“你什么时候会死”的时候，都会吃惊，而语无伦次，甚至塞给他善意的谎言。这时，父母一旦不慎可能会制造其他的困惑。不妨准备一点这类的童书，但不需要在孩子尚未注意到这些问题之前就引他注意。倾听是必要的，而适时适度的反应通常也是需要一些准备的，你可以用某些童书去响应孩子的需求。

这一类书在美国更是五花八门，有针对种族、虐待儿童、酗酒、认养等问题的书，甚至有以同性恋为题材的书。给孩子看的书一定要特别谨慎地处理，书中表达的理念，需要教育学者和儿童心理学家的鉴定，过滤掉孩子真的不宜被迫接受的观念；免得他们提早受害、受苦。

以下这几个原则需要掌握：

一、只告诉孩子“他自己”想知道的，不必穷“你自己”所知。例如当孩子问“我是从哪里来的”时，你可能只需说“从妈妈肚子里来的”他就很满意了。要是迫不及待地把卵子如何受精的详细过程搬出来，就有点多余。

二、在有危险情况时要注意保护孩子，不要以为讨论过类似问题他就会保护自己。例如孩子问起绑架的问题，你可以告诉他如何拒绝陌生人的请求或邀约，但是不可以就此放他独来独往，过度相信他判断危险的能力。

三、鼓励孩子在一般情况下独立处理一些问题，培养他的应变能力。例如要上小学了，父母可以提供给他适应各种情况所需的准备，但你不必“代替”他去适应。让他自己适应过来，自信心建立了，才是根本之道。

四、让他确信父母爱他、他很棒、他对父母很重要，即使犯错也不例外。如此的亲子关系，孩子会比较愿意把他的难处告诉你。

怀孕

当孩子问道“我从哪里来”时，父母怎么回

《宝宝——我是怎么来的？》
玛丽安娜 里斯／文、图

《妈妈生了一个蛋》
巴贝特·科尔／文、图

《我是怎么来的？》
马尔科姆 梅丽尔·多尼／文
尼克·巴特沃斯 米克·英克彭／图

答呢？

以前的父母不怕这种问题，他们多半趁机编些故事哄哄孩子，或是索性回答：“等你长大了就知道了！”让孩子多一个想长大的理由。在农业社会，大人根本不需担心孩子会一直无知到长大都不知道动物如何繁殖后代，因为四周有许多家禽家畜可以观察，大人在平日交谈中也会自然提到。孩子不需特别教导就可以知道交配、受精、怀孕、生产是怎么回事。

现今的生活形态就没那么容易了，尤其生活在都市里的孩子没什么观察的机会。看动物？动物园里的动物私生活很受保护，大概不至于在众目睽睽之下交配。家中养的宠物也多半为了省事而做了绝育手术。孩子的性知识来源大概就依赖电视和书籍了。

其实父母也不要过度紧张，“我从哪里来”的答案可根据孩子的年龄和需要来提供。例如《宝宝——我是怎么来的？》是由小朋友自编自画的图画书，让孩子告诉孩子宝宝是怎么来的。《妈妈生了一个蛋》也是以幽默风趣的方式，从孩子的角度说明从怀孕到生产的过程。

人是上帝的杰作，《我是怎么来的？》以轻松的手法道出生命形成的过程。《忙碌的宝宝》则从胎儿的角度叙述怀孕这件事。

搬家

中国人原是安土重迁的民族，以前的农业社会，人靠田地过日子，田地在哪里，人就在哪里。人跑，地可不能跟着跑。因此，除非发生天灾人祸，否则人即与田地长相厮守，不轻言搬迁。

进入工商社会后，越来越多的人跟着工作跑，从乡村跑到都市，从国内跑到国外，工作场所在哪里，人也到哪里，搬家成了大部分人都必须面对的挑战。我认识一对伉俪，先生任公职，他们结婚26年，搬了29次家，这年头，没搬家经验的人大概很少吧?

大人往往是不得不搬家，但是孩子的感觉如何呢?

孩子在搬家的过程中，到底经历了些什么呢？父母大概最想告诉孩子："你能不惹麻烦，就是最好的帮忙了！"父母忙得七荤八素，自顾不暇，通常不太能体会到孩子的感受。其实搬家对孩子来说也是一件大事。他们不但要离开原先熟悉的环境和朋友，还要适应陌生的新家。有的孩子在心理准备十分不够的情况下，因焦虑产生一些行为偏差的问题。

搬家的理由也不全是为了工作，有时是为了换个大一点或小一点的房子，有时是为了经济问题或其他原因。例如《蜘蛛先生要搬家》中，以对话的方式，谈论搬家的缘由和过程，是很好的话题。《十四只老鼠大搬家》里，老鼠搬家则是因为气候因素。到了秋天，老鼠一家人背着行李走向森林深处，跋山涉水，找到大树根，同心协力盖了一个家。

不管是什么原因，大人对于搬家都有点怕怕，经年累月囤积下来的拥有物，都面临留与不留的抉择。已是一番天人交战，接下来还有打包、装箱等繁重工作。父母不妨在有搬家的计划时就开始让孩子知道，不要把他当个家具，到要搬家了，才把他“搬走”。可以简单地告诉孩子为什么要搬家，也让他有机会向他熟悉的人和物道别，并让他知道搬家以后他仍可借电话与老友联系。大一点的孩子可以写信、寄卡片，也是一种不一样的来往方式。大人也可以拍些照片或录像，以便在孩子想念时看看。如果可能，先带孩子去看看即将搬入的家，认识一下环境，或许会有助于让孩子将分离的焦虑转移到新鲜的期盼中。《搬到另一个国家》里，描述两个女孩搬家的对照。一个从美国搬到中国台湾，另一个则从中国台湾搬到美国。一方面让读者看到主人公搬家前后的心情和调适，另一方面也看到两地生活的异同。

《蜘蛛先生要搬家》 汪敏兰／文 赵国宗／图

《十四只老鼠大搬家》 岩村和朗／文、图

《搬到另一个国家》 林芬名／文、图

有时候虽然不是自己搬家，而是好朋友搬家，也会造成孩子一些“悲欢离合”的经历。让孩子知道搬家是怎么回事，可以帮助孩子接纳新搬来的人。《我们是好朋友》中，一个小朋友搬家了，双方在思念中也学着适应新的环境。

搬家，不仅是搬东西，也包括许多感情的牵绊和生活的调整，图画书连如此细腻的需要也能处理呢！

《我们是好朋友》

阿里奇／文、图

上学

曾听到两位妈妈的对话：

“你的小孩快上小学了吧？准备让他上哪个小学啊？”

“我已经让他看过四个学校了，他说还没决定，要多看几个学校再说。”

我实在很好奇，一个六岁不到的孩子到底凭什么在挑选学校？又不是要去当校长，还需“非梧不栖”吗？

家庭是孩子社会化的第一个学习场所，在自己家里，他学习与人互动的基本原则。上幼儿园则是他社会化的一大步，他必须将他在家里学到的原则拿到园中来“演练”。在家被纵容得很霸道的孩子，可能会发现自己不太受欢迎，他或多或少会学着修正。

在幼儿园中待了一段时光，带着“修正过的原则”，他正式上学。到小学里去，他会跟各路英雄好汉再一较功力，加上小学有另一套规则，孩子的社会化经过一番拆散、再组合，会产生一组新的生存之道，这一串更新及整合的历程，我们称之为“成长”。

因此，太像小学的幼儿园对孩子不太好，幼儿园应有家的味道，多一点温馨，多一点包容。

上幼儿园及上小学是孩子的人生大事，刚上幼儿园的孩子常会有一段哭哭啼啼的日子，许多父母以为是孩子不喜欢上学，或是不喜欢那家幼儿园，或是老师对孩子不够好。其实孩子啼哭的主要原因是分离焦虑，怕爸妈不要他了，怕家人忘了来接他，怕老师不知他住在哪里，无法送他回家。这些担心说不出来，只好哭啰！而且他哭得稀里哗啦，也顾不到老师在做什么好玩的事，这一来就更可以专心想念家人，也就更哭个没完了。

倘若事前能让孩子有心理准备，偶而带他去幼儿园认识环境，会比一去就丢下他要好些。但也要看每个孩子的个别差异，如果是比较黏人的孩子，适应期可能长些。

上小学则是另一种挑战，如果孩子上过幼儿园，一般幼儿园大班老师都会在课程活动中安排，让孩子知道上小学以后不同的规矩。甚至在毕业后的暑假开短期的“先修班”，让孩子模拟一下小学上课的情形，对于适应力较差的孩子来说是颇有帮助的。

试着帮助孩子克服上学焦虑的童书通常是以“喜剧收场”。例如《小阿力的大学校》中，和一般小孩一样，小阿力对“即将要上学”这件事感到有些担心和害怕。他不想离开妈妈到陌生的环境去。后来，一只小麻雀让小阿力改变了想法。《比利得到三颗星》中，比利不想上幼儿园，于是在幼儿园里大吵大闹。但是老师称赞他唱的歌最棒，画的画最好看，跳的舞最美，说他是最棒的小妖怪，还给了他三颗星。比利又惊又喜，放学时他反而哭得很悲惨，因为他已经喜欢上学，舍不得回家了。《不爱上学的皮皮》讲的则是皮皮趁着别人没注意，偷偷溜进精灵住的森林，精灵警告他，他不听，树下的蘑菇他要摘，陌生的狐狸他乱跟，结果迷了路好害怕。这些书可帮助幼儿对“上学”有较清晰的概念。

《小阿力的大学校》
罗伦斯·安荷特／文
凯萨琳·安荷特／图

《比利得到三颗星》
帕特·赫钦斯／文、图

《不爱上学的皮皮》
浏上昭广／文、图

处罚

《我撒了一个谎》 玛乔丽·曼温·杀马特／文 大卫·麦克费尔／图

《约翰闯了祸》 蒂姆·斯塔福德／文 朱莉·帕克／图

“我不想处罚孩子，因为太伤感情了！”这是许多父母的心声。

“我处罚了孩子，他会不会因此怨恨我，而忘了我平时多么疼他？”这是许多父母的疑虑。

一些“人本教育”的主张使得有些父母心惶惶然，唯恐处罚会给孩子带来成长上的副作用。可是在管教时，光是赞赏鼓励好像还不太够吧？何况有些事不该做而做，做了自然就有惩罚。例如玩打火机，就算父母不处罚他，他很可能被火烫伤，皮肉受苦，就是一种最切实、最残酷的处罚了。例如《我撒了一个谎》中，小男孩偷吃了饼干。爸爸问他，他不承认，怕爸妈生气。那个谎紧跟着他，直到他受不了，说出实话，谎就遁逃了。《约翰闯了祸》中约翰因想象力太丰富而闯大祸，在试着逃避后，想出了一个办法。

很多父母在管教孩子而遇到孩子顽强抗拒时会很生气地说：“我不管你了，让你自己去受苦学教训，到时候后悔不要怪我没警告你！”这是气话，心态正常的父母通常会以“人为的处罚”来制止孩子过度好奇或蛮横的冲动，以免孩子尝到无法挽回或补救的“自然惩罚”。人的处罚是能控制、可预测的，自然的惩罚则不是，因此处罚若是为了帮助孩子学习自我控制，不一定是不好的。

但是除了“二十四孝”中的那些“楷模”外，很少有人在被处罚的时候欢喜快乐，充满感激的。被处罚时即使理智上服气，情绪上难免喊冤，因此会发出“为什么是我”的不平之气。那么多为非作歹的人都活得好好的，为什么我不能为所欲为？这世界真是没什么公道！

大人如此，何况小孩？因此大人如果以为处罚得当孩子就会欢喜领受，那就太天真了，面对孩子短暂的不悦是必须的，重要的是善后问题。打骂通常是较不容易收拾的，一掌或一言既出，驷马难追，复原期会稍长。较得当的处罚是针对问题行为，例如孩子不肯收拾房间，你罚他洗马桶就有点驴唇不对马嘴了，不如规定他收拾好之前不准外出玩耍。如果你警告过孩子不准骑小三轮车在街上闯，他偏要去“飚车”，与其罚他不准吃饭，不如限制他三天不准骑车。

能对症下药，就是良医；能适当处罚，才是好父母。谈到处罚的童书，一定不能不提经典之作《野兽国》。一晚，阿奇穿上野狼外套在家里撒野，妈妈罚他回房睡觉，不准吃饭。他开始幻想房里长树，墙壁消失，海水带来一条船，他便飘洋过海去流浪。登陆野兽国，用眼神驯服野兽

《野兽国》
莫里斯·桑达克/文、图

们，被封为王。他命令野兽大闹，玩厌了，又命令它们通通去睡觉，不准吃饭。但是他想家，不理野兽们的要求和威胁，毅然挥手道别。他回到家时，晚餐在桌上，还是热的呢！

平日关心孩子，就是“存款”，必要时的处罚是“提款”。提款不一定会使感情破产，但若存款不足，就有可能跳票啦！

单亲

以前的人称双亲家庭为正常家庭，而单亲家庭则可能是问题家庭。经过多年研究后，我发现“正常”和“问题”的重点在于这个家庭是否能发挥功能，让家庭成员得到生活及心理所需的供应。

近年来，单亲家庭的增加是不争的事实，离婚是形成单亲家庭的主因。根据“内政部”的统计，我国台湾的离婚率年年创新高，1994年每1000对夫妻就有一对半离婚，比起1971年每3000对夫妻才有一对离婚，的确是高出许多。

离婚是一项重要约定的破裂，对当事人的伤害很大。它常常是一个梦魇的结束，也是另一个梦魇的开始。尤其对孩子来说，父母不住在一起，生活上的改变很大。不管是由母亲照顾还是由父亲照顾，总是会有失落的感觉。

而通常在离婚前会有一段比较激烈的时期，家中或许经常充满愤怒、伤痛、仇恨的气氛，孩子在“战火”中，也往往是伤痕累累。有的孩子会以为是因为自己不乖，父母才会不和，因而有很深的内疚；有的孩子在父母的争吵中，被父母用来当做攻击对方的武器，也会有强烈的罪恶感，这些都是大人要尽量避免的。

积极的做法应该是，不妨告诉孩子，父母无法相处不是他的错，虽然父母双方互相失望或生气，但是父母仍是爱他的，并冷静地安排不住在一起的一方能来探望他。

《妈妈爸爸不住一起了》里面提到，爸妈不住一起了，女孩和妈妈、弟弟住公寓，周末才去爸爸乡间的家。如果有许愿棒，女孩希望再让全家人住在一起，但爸妈说不可能。

也有的单亲家庭在努力让爱延续。例如《妈妈的红沙发》中，一场大火烧毁了家中所有的家具，小女孩、妈妈和外婆努力存钱，想再买一张舒适的红沙发。书中人物的乐观和知足，令人相当感动。

有些童书只出现一个大人，如果单亲父母需要这种“只有一个大人角色”（其实不一定是单

《妈妈爸爸不住一起了》
凯西·史汀生／文
南茜·路·雷诺／图

《妈妈的红沙发》
薇拉·威廉斯／文、图

《逃家小兔》
玛格丽特·怀斯·布朗／文
克雷门·赫德／图

亲）的童书，以下这些可以参考：《逃家小兔》《猜猜我有多爱你》《你睡不着吗？》《小猫头鹰》《爸爸，你爱我吗》等等。

身心障碍

有人说，要看一个国家有多进步，就看其残障福利工作做得如何。福利工作不是完全依靠金钱，更重要的是态度。

家有身心障碍的孩子，对父母来说，从拒绝到内疚，到接纳，是一段艰辛的心路历程。有的父母只做到认命，而不能做到真正地接纳，往往会过度保护，或是过度要求孩子独立，反而增加了孩子生活适应上的困难。

其实障碍的范围很广。例如，一个美国人去香港玩会比来台北玩觉得“比较不残障”，因为香港大部分的路标都是中英文并列，而且它是国际港，观光客多，许多指南或设施都使外国人觉得比较方便，不会说广东话也可以来去自如。身心障碍者的生活会产生较多的问题，也是因为这个社会的设施在设计及建造上很少考虑到他们的需要。因此一个越让障碍人士生活得自在的环境，就是一个有质量的环境。而且因为环境无障

《猜猜我有多爱你》
山姆·麦克布雷尼／文
安妮塔·婕朗／图

《你睡不着吗？》
马丁·沃德尔／文 芭芭拉·弗斯／图

《小猫头鹰》
马丁·沃德尔／文 派克·宾森／图

碍，就不会凸显身体障碍的不便，也等于障碍人士减少了。

对有特殊障碍的孩子，我们尽量给他提供辅助性物品，让他用适合他的方式学习。例如，《阿吉的眼镜》中谈到兔子从近视到配上眼镜的过程。也有几本书强调的是同情和同理心的培养。例如《祝你生日快乐》中，小男孩无意间认识了患癌症、正接受治疗而头发脱落的小姐姐。《不会不方便》中描写男孩阿明行动有困难，另一男孩小猴子不知如何与他相处，常学阿明走路，直到他伤了腿，才有了同理心，学习彼此帮忙。《箭靶小牛》以天生额头有箭靶的小牛代表颜面伤残的小孩。《我的妹妹听不见》帮助孩子了解听障儿童的世界，以小女孩的眼光来描述与听不到声音的妹妹的相处经验。虽然妹妹不能用语言表达，但常会用脸或肩膀示意。

歧视

歧视是后天学来的“心理残障”。有个小女孩上幼儿园后，连着几天，每天回家都跟妈妈提到一个好朋友海伦。她们一起做很多事。一天，妈妈心血来潮问她：“海伦是黑人还是白人

《阿吉的眼镜》
霍莉·凯勒／文、图

《箭靶小牛》
王淑均 张允雄／文 张哲铭／图

《我的妹妹听不见》
珍恩·怀特豪斯·彼得森／文
黛博拉·雷伊／图

呢？”小女孩说：“啊？我没注意到。”

每一个孩子都有自己独特的背景，也因此产生人与人之间的种种差异，例如种族、身高、体重、五官特征、肤色、社会地位等等。因着这些差异，世界才如此多姿多彩，生活才不会枯燥单调。让孩子生活在有些差异的环境中，应该有助于培养他对自己和别人的欣赏和接纳。

童书也有让孩子多知道一些差异的功能，但是要留意作者在呈现内容时，是否有歧视的情形。例如把胖胖的角色描写成笨拙懒惰，皮肤白的就是漂亮，长得不漂亮的就只能从事卑微的行业，原住民都未开化而且野蛮，继母都会虐待小孩，等等，使孩子自幼就有刻板印象，限制了他一生的宽容气度。

因此，当孩子问你：“黑人的皮肤为什么那么黑？”你不要说：“因为他们脏，不洗澡，所以会那么丑。”你也许是半开玩笑，但孩子接到的那一半信息常不是你扔出去的这一半，使孩子对黑人或肤色较黑的人产生反感。

你可以说：“我们比较少看到黑人，所以你比较不习惯，看惯了你会发现黑有黑的好看。”也可以说：“那是因为他们皮肤的色素比较多，所以看起来比较黑，其实他们跟我们都是一样的，也会高兴，也会难过。”

有时我们为了鼓励孩子，会传达这样的信息："阿水很用功，努力学习，所以长大后当了医生。"或者"阿火就是因为书读得不好，只好去当个小工。"把大人的功利观念借故事灌进孩子的心灵，或许有一点激励作用，但是会使孩子对"服务人群"的观念产生偏差，以为只有赢过别人或赚很多钱才是优秀，而优秀的人才能造福人群。

父母多半鼓励孩子往某些高收入的行业去发展，问题是我们大部分的人都无法达成那样的目标，那么就只能灰头土脸地过日子吗？我想，鼓励孩子发奋上进是对的，但不宜用职业的贵贱或职位的高低来设定，因为其中有严重的歧视。

《野兽与男孩》里的野兽长得很丑，受到许多歧视，但男孩无视它的外表，也使得周围的人能看到野兽善良勇敢的一面。《大怪龙阿烈》中，大怪龙长相怪异。村民对它不了解，只是怕它。然而经历了一些事情后，他们才知道它面恶心善。

除了长相，人的性倾向也应受到尊重。一种米养百样人，我们如何歧视别人，排挤别人，终究会被歧视和排挤。《威廉的洋娃娃》中谈到威廉很想要洋娃娃，但是因为他是男孩，哥哥说他恶心，邻居小孩骂他娘娘腔，爸爸也只肯给他

《野兽与男孩》
马西莫·莫斯塔西／文、图

《大怪龙阿烈》
张振明／文　张振松／图

《威廉的洋娃娃》
夏洛特·佐洛托／文
威廉·佩内洛普·杜波依斯／图

买别的玩具，经过漫长的等待，奶奶终于实现了他的心愿。

死亡

龙龙在爷爷过世时惶惶然地问爸爸：“爷爷做了什么坏事？”被爸爸狠狠地骂了一顿。

可惜这位悲伤的爸爸没能了解龙龙为什么这样对爷爷不敬。龙龙从小看故事书、录像带、电视剧，坏人的结局常常是“一死百了”，所以龙龙一直以为只有坏人才会死。

在许多老一辈长者的观念里，始终认为死亡是既不吉祥也不该谈的话题。也因为这样的代代传承，“谈死亡”更成为一个避讳，使得父母们在碰到孩子对死亡提出询问时，容易感到惊慌失措而不知该如何应对。

究竟在孩子的世界里，孩子对死亡有怎么样的认识呢？

根据“幼儿的死亡概念”研究报告显示，其实孩子在很小的时候就已会观察“死亡现象”，而这些现象不一定局限于人类的死亡。动物（像小猫、小狗的死亡）、植物或电视节目、童书（白雪公主被巫婆害死了）中所呈现的死亡现象，都会引起孩子们的注意。其实现在已有蛮多的书都不再避讳“死亡”问题，所以孩子们对死亡的概念，往往不像大人想的那么无知。其实父母亲或大人对孩子在死亡上的教导影响非常深远。

以青少年来说，现在青少年的自杀率相当高，许多青少年在他们的成长过程中都曾想到自杀。为什么呢？因为青少年对死亡的观念就是“一死百了”，认为死亡是一种解脱，所以他们会寻求自杀来逃避问题。因此父母亲平日回答孩子有关死亡的问题时，必须相当谨慎。

既然孩子在成长的过程中会对死亡感到迷惑，让孩子懂得如何面对死亡，便是现代父母亲必修的功课！说故事其实是一个蛮好的教导方法，借着故事情节的讨论，父母亲可以知道孩子的概念而加以开导及教育。另外父母亲也可以选择相关的演讲及课程来增进自己对死亡的认识，并且透过专家的指导，明白怎样正确地教育孩子面对死亡与认识死亡。

孩子如何看待死亡，要看大人们如何教育。教导孩子懂得面对死亡其实和教导孩子认识“性”一样重要！父母亲不必将死亡当做很严肃的话题来对孩子耳提面命或长篇大论，而是要做机会教育。当然父母亲必须有所“准备”才能给予正确的机会教育，否则就会产生错误的引导。父母亲不要担心和孩子谈死亡会令孩子产生恐惧！自己先懂得面对死亡，进而也教导孩子如何面对死亡，让死亡在每个人的心中不再披着一层神秘面纱！

《再见，斑斑！》 霍莉·凯勒／文、图

《獾的礼物》 苏珊·华莱／文、图

《活了100万次的猫》 佐野洋子／文、图

孩子有可能通过宠物的死亡，体验生和死的相隔。死代表离开和失去，但也留下美好的回忆和怀念。《再见，斑斑！》中斑斑年老而逝，小松难过又伤心，怨天尤己，哀伤度日。后来阿丁陪他怀念小狗，回想斑斑种种的好，痛哭之后终于开启心扉，接受爸爸带回来的新小狗。

《獾的礼物》也让我们相信万物有生就有死，只有爱永远常存。獾离开了它的身体，也离开了所有的动物朋友，所有的朋友聚在一起怀念它留下的难忘礼物——教土拨鼠剪纸，陪青蛙学溜冰……它虽然永远离开了，大家却都利用它留下的那些礼物，互相帮助。

《活了100万次的猫》里的那只怪猫，活了100万次，当然也死了100万次。每次都有不同的遭遇，它也以自己的“生死记录”为傲，直到它爱上了一只白猫，结婚生子，到妻子死去，它也死去，它就不必再活过来了，因为它已爱过。

《精彩过一生》以祖孙对话的形式叙述人的一生从小到大到老死的过程。《生命之歌》则是从大自然的角度去看其中的每一个生命，都有开始与结束，为孩子解释生命和死亡的意义。

生病

俗话说："好汉只怕病来磨。"尤其以前医药卫生不发达，生了病就像去掉半条命。俗话又说："吃五谷杂粮，没有不生病的。"所以只要是人，就会有生病的经验。

生病通常使人身体不舒服，看了医生又得打针吃药，多少要受些罪。但是生了病才更会珍惜健康，也提醒自己多注意对身体的照顾和保养，生病的人没有逞强的权利。

许多描写父爱和母爱的文章都曾提到"生病的时候，爸爸（妈妈）如何照顾我"，一方面孩子在受苦中特别感受到亲情的呵护，另一方面照料病人需格外有耐心，所以特别令孩子感念。

父母也要注意不要过度纵容多病的孩子，免得孩子沉溺于"身体孱弱，人格偏差"而无法自拔。

生病通常不是一件很愉快的事，人在身体不适时，情绪多少会受影响。在身心受苦的时刻，经常出现医生这个角色。孩子也知道医生和护士

《精彩过一生》
巴贝特·科尔／文、图

《生命之歌》
布莱安·马隆尼／文　罗伯特·英彭／图

是帮助他解除痛苦、恢复健康的，然而紧张和害怕仍是难免的。

许多时候，父母在带孩子去看医生时，都是忧愁担心的，巴不得医生看过孩子后，能马上医治，让孩子少受些苦。在心焦的情况下，通常容易忽略孩子的心理，以为他该像我们一样从容就医。哪知孩子往往抗拒，弄得父母加倍疲惫。

其实孩子恐惧的不是看医生，而是给医生看过后的打针吃药。良药苦口，孩子的味觉特别灵敏，怕是必然的，打针的痛也许比不上孩子平日自己跌跤或碰撞的痛，但因大人紧张，针尚未扎下去，孩子的臂或腿已被大人掐得很痛了，不哭也过不去吧！

曾有幼教老师将打预防针当做一项“典礼”，召集全体小朋友列席，然后一个一个站在前方的小台上，如接受赠勋般地打针，结果全班都没有小朋友哭闹。可见如果事先给孩子一些心理建设的话，打针可以不必是太恐怖的事。

《圣经》上说：“喜乐的心乃是良药，忧伤的灵使骨枯干。”不是说孩子应该喜欢生病，而是在生病时不要有太多恐惧和忧虑，就会乐意接受治疗，病就好得快。

有关保健题材的书，例如《健康检查》，会

帮助孩子建立保健常识，消除孩子就医的恐惧。万一生病，也有《我为什么要上医院？》，循序渐进地探讨生病上医院的理由。《安安——和白血病作战的男孩》，让孩子对白血病的状况有些了解。如果他正好认识这样的小朋友，可以不必害怕，也能更懂得体贴。

孩子看到别人生病，不一定能感同身受，《我希望我也生病》里提到，咪咪的哥哥生病了，咪咪看到他那么受到关注，比起健康的自己，心中不平，渴望自己也生病，以得到相等的待遇。等到他真的生病了，才又羡慕哥哥无病一身轻。

在减轻孩子对生病的恐惧时，可别太美化了生病的好处，毕竟生病不是好玩的事，保健才是应该强调的。

老年

中国人传统上以“福禄寿喜”为人生追求的目标，可见长寿是普遍的追求。尤其在医药不发达的时代，人能活得长，很可能家境是不错的，而且儿女也都能尽到孝道，老人才活得下来。

时至今日，人的平均寿命延长了，但是很怕

《健康检查》
七尾纯／文　福田岩绪／图

《安安——和白血病作战的男孩》
伊丽莎白·罗伊特／文、图

《我希望我也生病》
弗兰兹·布兰登伯格／文　阿里奇／图

变老，在广告中就能明显地看到这种心态。从防止变老的食品、化妆品，到各种健康器材，琳琅满目。孩子在种种暗示下难免得到一个观念：变老是件可怕的、可悲的、可怜的事。

童书中所描写的老人也常是贫病交加的或性情古怪的、无助的、无用的，可能作者是希望借此引发读者深度的同情心。但是如果诠释者不慎，可能导致孩子对变老这个必然过程产生厌恶的心理。

其实老年跟人生其他阶段一样，也有特殊的美感与境界。不妨让孩子在生活中多接触老人。不论是老人智慧的风霜或糊涂的花絮，都会是孩子的生活教材。例如《爷爷石》故事中，谈到意大利南部有一户贫穷的农家，父母为了养活四个小孩，不得不将年老的爷爷送到养老院去。就在他们前往的途中，大姐想出了一个能留住爷爷的方法。《汤姆爷爷》也是关于安排老人生活的题材。有趣的是，故事中的老人问题都是由小孩想出解决方法的。

应该让孩子明白，变老不纯粹是生理年龄的增加，还有心态的改变。年纪大的人也可以有年轻的心，这样的人容易相处。例如《爱织毛线的尼克先生》中，描写尼克先生因爱织毛线而结识乔莉太太，而发展出一段感人的友谊。

《汤姆爷爷》 斯泰潘·扎夫热尔／文、图

《爱织毛线的尼克先生》 玛格丽特·怀尔德／文 迪伊·赫胥黎／图

“发苍苍，视茫茫，齿牙动摇”是许多老年人的必然现象。头发白了可以染，甚至当“银发族”也不错；牙齿掉了可以戴假牙，说不定比原来的牙齿还整齐洁白；可是视力的减弱就很难弥补，严重的情况是万一瞎了，真是不方便。但是眼睛瞎了并不是世界末日，还有其他感官可以感受世界的美好。例如《跟着爷爷看》中，爷爷的眼睛虽然看不见，却可以借助其他感官，和孙子分享丰富的生命经验。可见态度很重要，书中的爷爷不沮丧、不依赖，反而让孙子学到宝贵的功课。

中风也是老人容易罹患的疾病。《先左脚再右脚》里，祖父教孙子小包学走路，先左脚，再右脚。一天，祖父忽然中风，手脚不能动，口不能说，小包经历了惊吓后，决心好好照顾祖父。他喂祖父吃饭、讲故事、堆积木，甚至让祖父扶着他的肩膀，先左脚，再右脚地重新学走路。孺慕之情表露无遗，令人深感温馨、动容。

《楼上的外婆和楼下的外婆》中，男孩观察二位老人的生活，在温馨及体贴的气氛中，学习面对亲人变老的过程。

《跟着爷爷看》
帕特里夏·麦克拉克伦／文
黛博拉·雷／图

《先左脚再右脚》
汤米·狄波拉／文、图

《楼上的外婆和楼下的外婆》
汤米·狄波拉／文、图

战争

战争与和平似乎形影不离。人们往往以和平为理由发动战争，即使没经历过的人，对于战争的残忍都会觉得恐怖和厌恶。

战争是个严肃的话题。经历过的人总是希望大家记取教训，不要再发动愚昧的战争。当然，在孩子心灵里播下和平的种子，是一种很积极的做法。

《为什么？》 尼古拉·波波夫／文、图

《六个男人》 大卫·麦基／文、图

有关战争与和平的童书有些比较轻松，例如《为什么？》是无字图画书，描述一只田鼠和一只青蛙本来在草原上安居乐业，却为了贪得对方的东西，招朋引伴，引发了一场激烈的战争，结果两败俱伤。相信看过这本书的孩子大概都会产生“战争真无聊”的想法，也鄙视抢夺小利的人。

《六个男人》的故事是说，从前有六个男人走遍世界各地，想找个可安居乐业的地方。他们找到一块肥沃的土地，在那里盖房子、种田，不久就变得很富有。之后，他们雇了六个军人当守卫，并派他们占领邻近的农场。于是他们拥有了越来越多的领土和财富，甚至有了强大的军队。哪知一只飞过的鸭子竟意外地引起了一场激烈的战争。

《亲爱的小莉》让孩子了解到战争和死亡，手法比较严肃。《和平在人间》以散文式的写法，叙述人们最基本的内在需要。

而第二次世界大战中犹太人被屠杀的历史也被做成了图画书《铁丝网上的小花》，道出战火的悲哀，阐扬战争中永不磨灭的人性光辉。《请不要忘记那些孩子》则是更肃穆的童书。在耶路撒冷的纳粹屠杀纪念馆里，存有许多纳粹屠杀犹太人的记录照片，告诉孩子们，在这段史实中，犹太小孩是如何面对生存及如何走向死亡的。

我深信，如果有一天，所有的小孩都看过他们需要看的童书，长大后，他们会懂得以和平的方式来解决世界的问题。

《和平在人间》
凯瑟琳·舒勒丝／文
罗伯特·英彭／图

《铁丝网上的小花》
格莱兹　英诺桑提／文　英诺桑提／图

《请不要忘记那些孩子》
乍纳·拜尔斯·埃布尔斯／文、图

附录

童书的翻译与改写

郭恩惠

目前市面上有相当多的童书是由外文书翻译成中文的，因此童书的翻译对读者非常重要。翻译得好，与原书相得益彰；翻译得不好，则降低了原书的价值。

有人以为图画书字数少，又是写给小朋友看的，文字简单，翻译应该是很容易的。其实就是因为字少而精简，要译得贴切反而不易。本文作者于台大外文系毕业后，又修得师大家政教育研究所幼儿教育组的硕士，曾译过几本脍炙人口的图画书，如《小恩的秘密花园》《我不知道我是谁》等。以其专业素养写下实务工作心得，以飨读者。读完此文，如果你手边有外文书，不妨试着译译看，就更能享受语言的乐趣了。

翻译

直译，还是意译?

在翻译界，这个论题一直存在着很大的争议与讨论空间。其实，这两者之间的取向，好比一个线性向度：向度的一端起始于“逐字翻译”——也就是狭义的直译，再进一步是“逐句翻译”——我认为，这也属于直译；进而“意译”——意译还包含几个程度上的取向：“整句意译”，“整段意译”或是“整篇意译”。如果是整篇意译，可能在翻译过程中还可能采用倒叙、直叙，或其他方式来呈现整篇内容的主旨，以至于可能改变了原文的结构，这就是所谓的“改写”，是翻译工作的另一个向度。

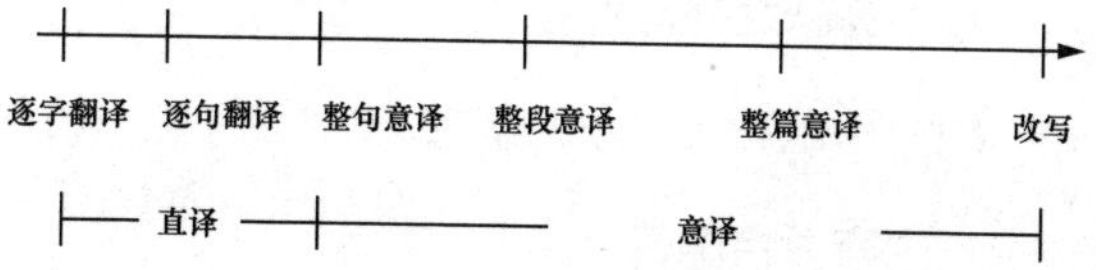

在儿童文学的领域中，我认为最不好的情况是逐字、逐句直译。因为，基本上任何其他语言的使用语法都与本国语有些差异，若是直译，必定会使儿童不易了解，在语法上有不熟悉的别扭感受。然而，翻译儿童故事要做到何种程度的意译又是一大问题。是要忠于原作者的创意与安排呢？还是重在意义的传达？可能也关系到一个作品所能有的篇幅大小。

“翻译是一种艺术。”许多学者都提出这个看法。在各样好书的评选中，也看到评选委员会对于翻译文字优美与否有着严格的要求，这也肯定了翻译不应该是直译的这种观念。

一个好的翻译者应该将原文融会贯通之后，以清晰优美的译文表达，才能将原文做一个美好的呈现。然而翻译是一种“艺术”，可见这工作是主观性的，还需要融入个人的情感与见解，并在呈现时还要加以美化，以符合读者心灵上真、善、美的需求。

至于儿童文学的翻译艺术要如何表现美感的深度，才不至于曲高和寡，而让儿童能够接受呢？以下综合各家说法，提出几个原则。

1. 不译缺乏共同性者

地方性色彩太浓厚的不宜。

2. 内容适合国情

除了要符合民风、传统价值，更要考虑是否合乎当代教育理念及思潮。

3. 译名统一

有两方面的统一：书里用法一致；并与外界使用习惯一致。

4. 整体技巧

整体技巧包含哪些？翻译大师林语堂曾说：“原文理解力、本国文字操控力、译技纯熟、见解，是翻译的必备条件。”

我常有个感触：似乎中文系出身的人比外文系出身的人更适合担任翻译工作。因为理解原文只要对原文文法掌握正确，能理解其意思便可，但一到要将其意思用中文呈现，并要呈现得优美，就得有很强的本国文字操控力。

我认为，掌握整体技巧时，译者常要注意并

熟练两项工作：

作品分析——不同特质的作品，其译文也会有不同的呈现：提到理解原文，我认为除了了解其含意，还需分析作品的特质。

——韵文性的作品：译文要做到音韵和谐。

——文学性重的作品：用词需加以斟酌，做到信、达、雅。

——以故事为中心的作品：完整传达作者或故事所要表达的情绪、精神、态度等。

这样的分析也关系到意译的程度。举例来说，如果作品的重点在韵脚的玩味，则译文也要押韵，然而每一个句子的意思是否完全符合原文，则是另一回事；作品若是重在修辞之美，或是一些文学技巧，例如比喻法的运用，则译作中也不可以失去这样的特色；若作品重在传达一个思想或概念，则用最简洁、流畅的文字将整篇的概念表达完整即可。

不过，有些作品同时兼具两种或三种特色，则译文必须兼顾这几方面要点的呈现。

不破坏本国文字的语法。包括标点符号的运用。

在故事书中，我们常常可以念到类似这样形式的句子："我肚子饿了。"小猪说。"我带你去吃东西。"猪爸爸说，"我知道哪里有好吃的东西。”

这种句型在英文中常见，但是却不是中国语言所有。中国的孩子念起来，常常会搞不清楚哪句话是哪个角色所说，除非是从整个故事的脉络找寻线索才能分辨清楚。但是就算弄清楚了，一旦习惯这样的用法后，中文与英文两种不同标点、句型的使用，难免会使孩子感到困惑，甚至打乱了孩子的中文学习基础。

5. 使用儿童的语言

既是翻译儿童文学——为儿童而写作的文学作品，用词就要采用儿童的习惯用语。句子要简洁、流利；一个句子以不可以超过12个字为原则；段落要明白。

林良先生曾说过：使用儿童易了解的文字一样可以从事文学的活动；运用有生命的浅词，生动的短句同样可以产生文学的价值；因为文学的本质是以精致的铺陈凝聚力量，产生美好感化功能，儿童文学就是要用这样一个感化功能间接地启发儿童思考，而不是直接地说教。

6. 适应孩子的阅读能力

除了用字要符合儿童读者的水平，如果原作语句抽象，还应补足语焉不详处，使孩子易于理解。

改写

所谓改写，是指增、删、节、重述原文，或转换成不同文体。改写是一种再创作。

若是基于不同目的将原作品改写，则改写者应对其目的及改写之后的作品负责。然而，因为是运用原作者的创意，改写者也应该尊重原作者的创意或精神。

原则：

1. 忠实性——忠于原作品的精神风貌、保留其精髓。

2. 适合性——适合儿童。

3. 完整性——须具有开头、主体、结尾。

儿童文学文字工作者的修养：

不管是翻译或改写，翻译者或改写者都应该对读者负责，因为是用自己的文字将原作以不同的形式、风貌呈现在读者面前。这样的责任就像是作家的身份一样。学者曾经对于儿童故事作家应有的修养提出一些看法，在此也提供给儿童文学文字工作者，作为参考，并共勉之。

从事写作的热忱

熟悉儿童的世界

优越的语言能力

尽可能多的知识

了解本国文化

注意教育的思潮

研究写作的理论

个人风格

（林良、蔡尚志）

以上除了整理一些专家的说法，还加上我的一点经验及拙见，期待日后有更多的学习及分享。

参考资料：

1. 周增祥：写儿童故事的几个原则；“中国”语文，15卷4期，p 41-42。

2. 林守为：儿童文学与儿童；教育文摘，10卷2期，p 11-13。

3. 吴鼎：儿童文学的编译与创作；“中国”语文，18卷5期，p 13-17。

4. 谢冰莹：儿童文学写作方法；“中国”语文，23卷2期，p 4-8。

5. 林良：儿童文学的“文学价值”和“教育功能”；师友，215期，p 1-2。

6. 蔡尚志：儿童故事原理；五南。

7. 林慕如：儿童文学综论（三版）；高雄复文图书。

童书书目一览

以下所列的书目为本书各章所提到的童书，供读者参考。其中作者及画者若在书上找得到原文姓名，则以原名列出，一方面省去不同出版社对同一名字的翻译不同所造成的混淆；另一方面读者若对某些作者或画者特别有兴趣，也可以知道还有哪些书可以看，或者万一买不到单本的图画书，可以去诚品书店找原文的图画书。

其实编辑者的角色也很重要，但是很多童书未清楚注明编者的姓名，整理不易，因此暂不列出。当你很享受某些书时，别忘了多看一眼编者的大名，在心里谢谢他们的幕后工作。

（注：此列表为台湾原版列表，为保持信息的原貌，未与内文做同步改动。）

2. 婴幼儿篇

书名	作者	画者	译者	出版社
幼幼童谣		杨雅惠、林传宗、郝洛玟、何云姿、张振松、苏意杰		信谊
亲子游戏动动儿歌	李紫蓉	曲敬蕴		信谊
手指游戏动动儿歌	游淑芬、李紫蓉	陈维霖、崔丽君		信谊
宝贝手指谣 123	丁慧瑜	孙淑萍、郝洛玟、施政廷		三之三
给姑妈笑一个	Diane Paterson	Diane Paterson		上谊
我想变成……	Eve Tharlt	Eve Tharlt	郑荣珍	上谊
大家来洗澡				上谊
我的野餐盒				上谊
幼幼小书	李南衡	曹俊彦、赵国宗、陈志贤、何云姿		信谊

好饿的毛毛虫	Eric Carle	Eric Carle	郑明进	上谊
小宝宝翻翻书	Mathew Price	Moira Kemp	出版部	上谊
快乐的小熊	渡边茂男	大友康夫	出版部	上谊
我爱洗澡澡	Marilyn Janovitz	Marilyn Janovitz	陈木城	台英
达达长大了	岭月	曹俊彦		上谊
三只小熊	Byron Barton	Byron Barton	张丽雪	上谊
红鸡妈妈	Byron Barton	Byron Barton	张丽雪	上谊

3. 生活篇

书名	作者	画者	译者	出版社
小豆豆	John Wallace	John Wallace	李紫蓉	上谊
小莉的一天	Penny Dale	Penny Dale	刘恩惠	鹿桥
每一天	Catherine Anholt	Catherine Anholt	黎芳玲	亲亲
世界的一天	安野光雅		编辑部	汉声
在森林里	Marie Hall Ets	Marie Hall Ets	林真美	远流
像我平常那样	Marie Hall Ets	Marie Hall Ets	林真美	远流
森林大会	Marie Hall Ets	Marie Hall Ets	林真美	远流
谁来买东西	角野荣子	田精一	岭月	台英
好无聊哦!	Peter Spier	Peter Spier	编辑部	汉声
无聊的下午	曹昌德	曹昌德		精湛
两个娃娃	华霞菱	陈永胜		信谊
妈妈买绿豆	曾阳晴	万华国		信谊
我会用筷子	小永井道子	小永井道子	岭月	台英
今天的便当里有什么?	岸田衿子	山胁百合子	郑明进	信谊
胖国王	张蓬洁	张蓬洁		信谊
阿立会穿裤子了	神泽利子	西卷茅子	岭月	台英
阿利的红斗篷	Tomie dePaola	Tomie dePaola	张剑鸣	上谊
国王的新衣	H.C.Anderson	Nadine Bernard Uescott	蒋家语	上谊

谁在敲门	崔丽君	崔丽君		信谊
你的房屋，我的房屋	加古里子	加古里子	编辑部	汉声
小房子	Virginia Lee Burton	Virginia Lee Burton	林真美	远流
楼上楼下	许莎白	林鸿尧		东方
当我想睡的时候	J.R. Howard	Lynne Cherry	林芳萍	麦克
你睡不着吗？	Martin Waddell	Barbara Firth	潘人木	上谊
起床啦，皇帝！	郝广才	李汉文		信谊
起床啦！大熊	Wolfgang Bittner	Gustavo Rosemffet	潘人木	亲亲
早安！	Jan Ormerod	Jan Ormerod		汉声
晚安！	Jan Ormerod	Jan Ormerod		汉声
小杰出门找朋友	村山桂子	崛内诚一	岭月	台英
巴士到站了	五味太郎	五味太郎	高明美	台英
骑车去郊游	笠野裕一	笠野裕一	岭月	精湛
挪亚方舟	Peter Spier	Peter Spier	编辑部	汉声
第一个动物园	吴英彦、石明玉	张蓬洁		道声
等待彩虹	Linda Parry	Alan Parry	陶淘	宗教教育中心
和甘伯伯去游河	John Burmingham	John Burmingham	林良	台英
搬到另一个国家	林芬名	林芬名		信谊
第一次坐火车	Ivan		蔡正雄	台英
火车快跑	Donald Crews	Donald Crews	刘思源	远流
地下铁开工了	加古里子	加古里子	黄郁文	台英
我爱书	Anthony Browne	Anthony Browne	高明美	台英
傻鹅皮杜妮	Roger Duvoisin	Roger Duvoisin	蒋家语	上谊
很久、很久以前……	Stefan Gemmel	Marie-Jose Sacre	刘恩惠	鹿桥
如何做一本书？	Aliki	Aliki	编辑部	汉声
蜡笔盒的故事	Don Freeman	Don Freeman	林真美	远流
神奇画具箱	林明子	林明子	汪仲	精湛

阿罗有支彩色笔	Crockeett Johnson	Crockeett Johnson	林良	上谊
阿罗的童话国	Crockeett Johnson	Crockeett Johnson	李紫蓉	上谊
穿越世界的一条线	海因兹·温格尔	杜桑·凯利	郝广才	格林
毛儿的大提琴	汪仲	罗婕云		精湛
彼得的口哨	Ezra Jack Keats	Ezra Jack Keats	黄尹青	上谊
帕克的小提琴	Quentin Blake	Quentin Blake	李紫蓉	上谊
爱音乐的马可	Robert Kraus	Jose Aaigego & Ariana Dewwy	柯清心	台英
小木匠学手艺	刘明	刘明		信谊
牙齿的故事	加古里子	加古里子	编辑部	汉声
大家来刷牙	Leslie McGuire	Jean Pidgeon	余治莹	三之三
你的牙齿我的牙齿	柳生弦一郎	柳生弦一郎	高明美	信谊
缅因的早晨	Robert McCloskey	Robert McCloskey	马景贤	"国"语日报
第一次拔牙	任大霖	徐素霞		信谊
鳄鱼怕怕，牙医怕怕	五味太郎	五味太郎	编辑部	上谊
我爱洗澡澡	Marilyn Janovitz	Marilyn Janovitz	陈木城	台英
最喜欢洗澡	林明子	林明子	李俊德	麦克
怎么会有大便	佐藤守	佐藤守	黄郁文	台英
大家来大便	五味太郎	五味太郎	编辑部	汉声
是谁嗯嗯在我的头上	维尔纳·霍尔次瓦尔斯	沃尔夫·埃尔布鲁赫	方素珍	启蒙
子儿，吐吐	李瑾伦	李瑾伦		信谊
一觉到天亮	Maribeth Boelts	Kathy Parkinson	杨曼华	亲亲
马桶妖怪	Kirsten Boie	Jutta Bauer	李南衡	亲亲
放屁万岁！	福田岩绪	福田岩绪	岭月	台英
放屁	长新太	长新太	编辑部	汉声

小老鼠普普	李紫蓉	杨丽玲		信谊
早安！市场	游复熙	何云姿		东方
第一次上街买东西	筒井赖子	林明子	编辑部	汉声
逛街	陈志贤	陈志贤		信谊
跳蚤市场	安野光雅	安野光雅	郑明进	上谊
大游行	Donald Crews	Donald Crews	曾蕙兰	台英
爸爸走丢了	五味太郎	五味太郎	编辑部	汉声
佳佳的妹妹不见了	筒井赖子	林明子	编辑部	汉声
月亮，生日快乐	Frank Asch	Frank Asch	高明美	上谊
没有声音的运动会	吕蕙玲	陈建志		信谊
皮皮熊庆生会	Lee Davis	Dave King	林芳萍	上谊
猜猜我有多爱你	Sam McBratney	Anita Jeram	陈淑惠	上谊
最想听的话	Charlotte Zolotow	James Stevenson	林良	上谊
爸爸，你爱我吗？	Stephen Michael King	Stephen Michael King	余治莹	三之三
妈妈，你爱我吗？	Barbara M.Joosse	Barbara Lavalle	林良	亲亲
永远爱你	Robert Munsch	梅田俊作	林芳萍	和英
我永远爱你	Hans Wilhelm	Hans Wilhelm	赵映雪	上谊
《圣经》怎样说爱			陶淘	宗教教育中心
活了一百万次的猫	佐野洋子	佐野洋子	张伯翔	上谊
爱取名字的老婆婆	Cynthia Rylant	Kathryn Brown	黄乃毓	上谊
一个圣诞节的故事	Brian Wildsmith	Brian Wildsmith	刘恩惠	鹿桥
小天使安琪	Linda Parry	Alan Parry	谭淑芳	宗教教育中心
摇篮里的耶稣	Linda Parry	Alan Parry	马镇梅	宗教教育中心
圣诞颂	Linda Parry	Alan Parry	谭淑芳	宗教教育中心
明星引路	Linda Parry	Alan Parry	陶淘	宗教教育中心

圣诞节的故事	Linda Parry	Alan Parry	陶淘	宗教教育中心
伯利恒城的婴孩	Sally Owen	John Hayson	呆呆	宗教教育中心
最好的礼物			余治莹	智茂
亲爱的圣诞老公公——今年请不要来	Michael Twinn	Patricia Ludlow	刘恩惠	鹿桥
真的有圣诞老公公吗？	晖峻淑子	杉浦范茂	编辑部	汉声
奇妙的耶诞街车	罗夫克瑞瑟	席塔加克	张剑鸣	台英
不一样的圣诞节	Russell Johnson	Bernadette Watts	畲祥仁	上谊
北极特快车	Chris Van Allsburg	Chris Van Allsburg	张剑鸣	上谊

4. 人际篇

书名	作者	画者	译者	出版社
我不知道我是谁	Jon Blake	Axel Scheffler	郭恩惠	格林
小黑鸟	赫尔嘉・嘉勒	赫尔嘉・嘉勒	贾源恺	台英
乌鸦宝宝	John A. Rowe	John A. Rowe	刘恩惠	鹿桥
阿布，你长大要做什么？	Jeanne Willis	Mary Rees	黎芳玲	亲亲
如果我不是河马	Libuse Palecek & Josef Palecek	Libuse Palecek & Josef Palecek	马景贤	台英
阿力和发条老鼠	Leo Lionni	Leo Lionni	孙晴峰	上谊
神奇变身水	Jack Kent	Jack Kent	何奕达	上谊
爸爸，你爱我吗？	Stephen Michael King	Stephen Michael King	余治莹	三之三
爸爸！	Philippe Corentin	Philippe Corentin	邱瑞銮	台英
月下看猫头鹰	Jane Yolen	John Schoenher	林良	上谊
大猩猩	Anthony Browne	Anthony Browne	林良	格林
逃家小兔	Margaret Wise Brown	Clement Hurd	黄迺毓	上谊

小猫头鹰	Martin Waddell	Patrick Benson	林良	上谊
莎莎采浆果	Robert McCloskey	Robert McCloskey	林良	“国”语日报
我的妈妈真麻烦	Barbette Cole	Barbette Cole	陈质采	远流
朱家故事	Anthony Browne	Anthony Browne	编辑部	汉声
小蟾蜍的摇篮歌	Vivian French	Vivian French	陈木城	台英
莫理斯的妙妙袋	Rosemary Wells	Rosemary Wells	何奕达	上谊
唉，小杰	Inga Moore	Inga Moore	柯倩华	鹿桥
小麻烦波利	布里姬温宁格	伊芙塔列特	管家琪	台英
小帝奇	Pat Hutchins	Pat Hutchins	潘人木	台英
小宝宝	吕蔼玲	董大山		信谊
小象欧利找弟弟	柏尼·包斯	Hans de Beer	管家琪	格林
大姐姐和小妹妹	Charlotte Zolotow	Martha Alexander	陈质采	远流
穿过隧道	Anthony Browne	Anthony Browne	林真美	远流
班班的地盘	Jeanne Titherington	Jeanne Titherington	林真美	远流
小玫的宝宝	Martin Waddell	Penny Dale	刘恩惠	鹿桥
小熊宝宝来了	Martin Waddell	Penny Dale	柯倩华	鹿桥
我真的好爱你	Carl Novac	Claude K. Dublis	柯倩华	鹿桥
彼得的椅子	Ezra Jack Keats	Ezra Jack Keats	孙晴峰	上谊
我也要背背	原道夫	原道夫	文婉	台英
我希望我的弟弟是只狗	Carol Diggory Shields	Paul Meissel	陈美玲、王天容	亲亲
小小大姐姐	Ann Forslind	Ann Forslind	张丽雪	上谊
我最喜欢爷爷	Wolf Harranth	Christina Oppermann-Dimow	编辑部	汉声
汤姆爷爷	Stepan Zaverl	Stepan Zaverl	施素卿	上谊

外公的家	Heleven V.Criffith	James Stevenson	林良	上谊
跟着爷爷看	Patricia MacLachlan	Deberah Ray	杨佩瑜	远流
山中旧事	Cynthia Rylant	Diane Goode	林海音	远流
爷爷一定有办法	Phoebe Gilman	Phoebe Gilman	宋佩	上谊
像新的一样好	Barbara Douglass	Patience Brewster	编辑部	汉声
外公	John Burmingham	John Burmingham	林良	台英
我的邻居是空中飞人	Ingrid Slyder	Ingrid Slyder	陈淑惠	亲亲
孩子们的桥	麦克斯博令格	Stepan Zavrel	张剑鸣	台英
猫头鹰和啄木鸟	Brian Wildsmith	Brian Wildsmith	刘恩惠	鹿桥
晚安，猫头鹰	Pat Hutchins	Pat Hutchins	高明美	台英
我喜欢你	Sandol Stoddard Warburg	Jacqueline Chwast	杨茂秀	远流
青蛙和蟾蜍	Arnold Lobel	Arnold Lobel	党英台	上谊
小老虎和小熊	Janosch	Janosch	武玉芬、蓝露黛	上谊
乔治和马莎	James Marshall	James Marshall	杨茂秀	远流
和我玩好吗？	Marie Hall Ets	Marie Holl Ets	林真美	远流
鸟和鱼	Daz Rodero	Jozef Wilkon	刘恩惠	鹿桥
好朋友	Helme Heine	Helme Heine	王真心	上谊
我最讨厌你了	Janice May Udry	Maurice Sendak	林真美	远流
我和小凯绝交了	Marjorie Weinman Sharmat	Tony De Luna	编辑部	汉声
打勾勾	高田桂子	杉浦范茂	岭月	台英
麦克的水手朋友	Wolf Harranth	Josef Paleçek	马景贤	台英

亲朋自远方来	Cynthia Rylant	Stephen Gammell	桂文亚	远流
小恩的秘密花园	Sarah Stewart	David Small	郭恩惠	格林
小莫那上山	刘晓蕙	温孟威		精湛
我的爸爸不上班	施政廷	施政廷		信谊
快乐的小蛋糕师傅	温孟威	刘晓蕙		信谊
老鼠阿修的梦	Leo Lionni	Leo Lwionni	孙晴峰	上谊
小猫玫瑰	Piotr Wilkon	Jozef Wilkon	陶纬	上谊
田鼠阿佛	Leo Lionni	Leo Lionni	孙晴峰	上谊
我可以养它吗?	Steven Kellogg	Steven Kellogg	高明美	台英
神秘的蝌蚪	Steven Kellogg	Steven Kellogg	曾阳晴	上谊
小熊可可	Don Freeman	Don Freeman	朱昆槐	上谊

5. 动物篇

书名	作者	画者	译者	出版社
小北极熊	Hans de Beer	Hans de Beer	柯清心	上谊
小北极熊城市历险记	Hans de Beer	Hans de Beer	柯清心	上谊
小北极熊找朋友	Hans de Beer	Hans de Beer	柯清心	上谊
三只小熊	Max Bollinger	Jozef Wilkon	陶纬	上谊
快乐的小熊	渡边茂男	大友康夫		上谊
大熊哥	Jane Hissey	Jane Hissey	方素珍	启蒙
小熊宝宝来了	Martin Waddell	Penny Dale	柯倩华	鹿桥
玩具熊	Gabrielle Vincent	Gabrielle Vincent	刘恩惠	鹿桥
快乐的婚礼	Helme Heine	Helme Heine	高明美	上谊
小灰狼	Hilda Offen	Hilda Offen	方素珍	三之三
三只小猪的真实故事	Jon Scieszka	Lane Smith	方素珍	三之三
突然!	Colin McNaughton	Colin McNaughton	刘恩惠	鹿桥
哈利的花毛衣	Gene Zion	Margaret Bloy Graham	林真美	远流

好脏的哈利	Gene Zion	Margaret Bloy Graham	林真美	远流
哈利海边历险记	Gene Zion	Margaret Bloy Graham	林真美	远流
不要吓到狮子	Margaret Wise Brown	H.A. Rey	柯倩华	鹿桥
我和我家附近的野狗们	赖马	赖马		信谊
小猫去散步	三原佐知子	三原佐知子	汪仲	精湛
咪咪喵	林焕彰	吕游铭		信谊
躲猫猫	岸田衿子	大村百合子	高明美	信谊
猫咪你好!	沼野正子	沼野正子	编辑部	汉声
红公鸡	王兰	张哲铭		信谊
最奇妙的蛋	Helme Heine	Helme Heine	李紫蓉	上谊
母鸡萝丝去散步	Pat Hutchins	Pat Hutchins		上谊
小鸡巧合的故事	Jan Ormerod	Jan Ormerod	柯倩华	鹿桥
让路给小鸭子	Robert McCloskey	Robert McCloskey	毕璞	“国”语日报
你看到我的小鸭吗?	Nancy Tafuri	Nancy Tafuri		台英
卖帽子	Esphur Slobodkine	Esphyr Slobodkine	郑荣珍	上谊
马头琴	大冢勇三	赤羽末吉	岭月	台英
爱花的牛	Munro Leaf	Robert Lawson	林真美	远流
我要牛奶	Jennifer A. Ericsson	Ora Eitan	林真美	远流
世界上第一条眼镜蛇	汪芸	许仙燕		信谊
蛇偷吃了我的蛋	李紫蓉	许仙燕		信谊
武士与龙	Tomie de Paola	Tomie de Paola	柯倩华	鹿桥
恐龙王国历险记	A.J. Wood	Wayne Anderson	郑荣珍	上谊
如果恐龙回来了	Bernard Most	Bernard Most	编辑部	汉声
长颈龙和霹雳龙	Helen Piers	Michael Foreman	编辑部	汉声

恐龙和垃圾	Michael Foreman	Michael Foreman	编辑部	汉声
黑兔和白兔	歌斯威廉士	歌斯威廉士	林真美	远流
唉，小杰!	Inga Moore	Inga Moore	柯倩华	鹿桥
小野兔丁丁	Marcus Pfister	Marcus Pfister	刘恩惠	鹿桥
小兔彼得	Beatrix Potter	Beatrix Potter	林海音	青林
蓬蓬、小小和矮矮	卡瑞吉特	卡瑞吉特	张莉莉	格林
小羊和蝴蝶	Eric Carle	Eric Carle	蒋家语	上谊
山羊日拉德	Issac Bashevis Singer	Maurice Sendak	林芳瑜	上谊
阿虎开窍了?	Robert Kraus	Jose Aruego	黄迺毓	上谊
三个坏东西	奚淞	奚淞		信谊
老鼠牙医——地嗖头	William Steig	William Steig	孙晴峰	上谊
十四只老鼠和捕鼠先生	James Cressey	Tamasin Cole	潘静娟	上谊
野餐	Emily Arnold McCully	Emily Arnold McCully		上谊
大猫来了	Frank Asch & Vladimir Vagin	Frank Asch & Vladimir Vagin		上谊
老鼠娶新娘	张玲玲	刘宗慧		远流
如果你给老鼠吃饼干	Laura Joffe Numeroff	Felicia Bond	林良	台英

6. 自然篇

书名	作者	画者	译者	出版社
可爱的地球	Nick Butterworth & Mick Inkpen	Nick Butterworth & Mick Inkpen	陶淘	宗教教育中心
奇妙的创造	Stephanie Jeffs	Doug Hewitt	陶淘	宗教教育中心
米罗和发光宝石	Marcus Pfister	Marcus Pfister	朱昆槐	上谊
太阳石	Verlag Sauerlander	Aarau	林海音	格林
元元的发财梦	曾阳晴	刘宗慧		信谊

森林大熊	Verlag Sauerlander	Aarau	袁瑜	格林
再见！小兔子	Verlag Sauerlander	Aarau	薇薇夫人	格林
鳄鱼先生游巴黎	Peter Nickl	Binette Schroeder	高明美	台英
挪亚博士的宇宙飞船	Brian Wildsmith	Brian Wildsmith	张剑鸣	台英
喂！下车	John Burmingham	John Burmingham	林真美	远流
杰克教授的菜园	Brian Wildsmith	Brian Wildsmith	刘恩惠	鹿桥
1999年6月29日	David Wiesner	David Wiesner	曾蕙兰	台英
现代原始人	远藤一夫	左藤守	黄郁文	台英
瀑布镇的故事	林良	董大山		“国”语日报
小山屋	马景贤	洪义男		“国”语日报
阿祥的新钓鱼竿	张剑鸣	郑明进		“国”语日报
神射手的琵琶鸭	李潼	刘伯乐		“国”语日报
我们的新家	陈木城	曹俊彦		“国”语日报
河马在这里	林良	陈雄		“国”语日报
风来鹰来	马景贤	吴昊		“国”语日报
小黑鱼的故事	张剑鸣	林传宗		“国”语日报
流浪的狗	林焕彰	曹俊彦		“国”语日报
独臂猴王	李潼	洪义男		“国”语日报
小猴子回家	陈木城	董大山		“国”语日报

外星人的日记	孙晴峰	刘伯乐		“国”语日报
柳杉的美梦	方素珍	杨丽玲		“国”语日报
小喜鹊的叹息	陈玉珠	郑明进		“国”语日报
穿红背心的野鸭	夏婉云	何华仁		“国”语日报
沙滩上的琴声	郑清文	陈建良		精湛
咱去看山	潘人木	徐丽媛		精湛
白鹭鸶来了	干富子	稗田一穗	汪仲	精湛
快乐的一天	Ruth Krauss	Marc Simont	郝广才	远流
快乐的猫头鹰	Celestino Piatti	Celestino Piatti	郑如晴	上谊
夏日海湾	Robert McCloskey	Robert McCloskey	林良	“国”语日报
风姐姐来了	邵检	吕游铭		信谊
风到哪里去?	Charlotte Zolotow	Stefano Vitale	林真美	远流
风喜欢和我玩	Maria Hall Ets	Maria Hall Ets	林真美	远流
云上的小孩	John Burmingham	John Burmingham	林真美	远流
夏天的天空	Peter Spier	Peter Spier		台英
下雨了	施政廷	施政廷		信谊
下雨天	Peter Spier	Peter Spier		台英
谁来买东西?	角野荣子	田精一	岭月	台英
大雪	莎琳娜柯恩斯	卡瑞吉特	张莉莉	格林
雪人	Raymond Briggs	Raymond Briggs		上谊
扫帚雪人和眼镜雪人	Hanspeter Schmid	Hanspeter Schmid	刘恩惠	鹿桥
树木之歌	Iela Mari	Iela Mari		台英
我是一棵树	Dimiter Inkiow	Ivan Gantschev	刘恩惠	鹿桥
树真好	Janice May Udry	Marc Simont	刘小如	上谊

长不大的小樟树	蒋家语	陈志贤		东方
林中的树	法国传统民谣	Christopher Manson	林丹	大树
大树搬家记	Sandy Stryker	Itoko Maeno	林丹	大树
第一座森林的爱	John Gile	Tom Heflin	林丹	大树
我的苹果树	Peter Parnall	Peter Parnall	林丹	大树
大树之歌	Harry Behn	James Endicott	林丹	大树
丛林是我家	Laura Fischetto	Letizia Galli	林丹	大树
被遗忘的森林	Laurance Anholt	Laurance Anholt	林丹	大树
树逃走了	Martin Burkert	Martin Burkert	张碧员	大树
给森林的信	片山令子	片山健	汪仲	精湛
小种子	Eric Carle	Eric Carle	蒋家语	上谊
种子	高森登志夫	古矢一穗	黄郁文	台英
花城	Eveline Hasler	Stepan Zavrel	王真心	上谊
乔爷爷的花园	Gerda Marie Scheidl	Bernadette Watts	高明美	上谊
好饿的毛毛虫	Eric Carle	Eric Carle	郑明进	上谊
好安静的蟋蟀	Eric Carle	Eric Carle	林良	上谊
小蚂蚁回家	叶香	邱清刚		信谊
萤火虫之歌	陈月文	陈灿荣		红蕃茄
小虫儿躲躲藏	郭玉吉	郭玉吉		信谊
小猪与蜘蛛				
好忙的蜘蛛	Eric Carle	Eric Carle	邓美玲	上谊
蜘蛛小姐蜜斯丝白德开茶会	David Kirk	David Kirk	林良	麦克
蜘蛛先生要搬家	汪敏兰	赵国宗		信谊
天动说	安野光雅	安野光雅	张伯翔	上谊
晚上	陈斐如	陈耀程		信谊
太阳晚上到哪儿去了？	Mirra Ginsburg	Jose Aruego & Ariane Dewey	林良	台英
月光男孩	Spang Olson	Spang Olson	管家琪	格林

你是谁啊？	瑞金辛德勒	席塔加克	张剑鸣	台英
小星星	Klaus Baumgart	Klaus Baumgart	黎芳玲	亲亲

7. 想象篇

书名	作者	画者	译者	出版社
疯狂星期二	David Wiesner	David Wiesner		麦田
厨房之夜狂想曲	Maurice Sendak	Maurice Sendak	郝广才	格林
在那遥远的地方	Maurice Sendak	Maurice Sendak	郝广才	格林
森林里的迷藏王	米吉晓子	林明子	岭月	台英
追追追	赤羽末吉	赤羽末吉	郝广才	格林
你喜欢……	John Burmingham	John Burmingham	出版部	上谊
惊喜	李瑾伦	李瑾伦		信谊
白石山历险记	孙晴峰	陈志贤		信谊
谁吃了彩虹？	孙晴峰	赵国宗		信谊
假装是鱼	林小杯	林小杯		信谊
小真的长头发	高楼方子	高楼方子	汪仲	精湛
多嘴的荷包蛋	寺村辉夫	长新太	岭月	台英
赤脚国王	曹俊彦	曹俊彦		信谊
起床啦，皇帝！	郝广才	李汉文		信谊
养猪王子	H.C. Anderson	Bjorn Wiinblad	蒋家语	上谊
追梦王子	Alix Berenzy	Alix Berenzy	管家琪	格林
阿伦王子历险记	柏尼包斯	Hans de Beer	刘守仪	格林
顽皮公主不出嫁	Babette Cole	Babette Cole	吴燕凰	格林
五彩鸟	麦克斯·博令格	杰列·尼卡	张剑鸣	台英
胆大小老鼠，胆小大巨人	安格富·修柏	安格富·修柏	梁景峰	格林
大巨人约翰	Arnold Lobel	Arnold Lobel	杨茂秀	远流

小矮人	Wil Huygen	Rien Poortvliet	潘人木、林良、马景贤、曹俊彦	台英
洁西卡和大野狼	Theedore E Lobby	Tennessee Dixon	黄嘉慈	远流
问个没完的小鳄鱼	Elisa Kleven	Elisa Kleven	张剑鸣	台英
梦幻大飞行	David Wiesner	David Wiesner		远流
听那鲸鱼在唱歌	Dyan Sheldon	Gary Blythe	张澄月	格林
我们要去捉狗熊	Michael Rosen	Helen Oxenburg	林良	台英
天灵灵	Chris Van Allsburg	Chris Van Allsburg	张剑鸣	上谊
做得好，小小熊	Martin Waddell	Barbara Firth	柯倩华	上谊
大家会喜欢狮子吗?	Kady MacDonald Denton	Kady MacDonald Denton	林良	台英
公鸡的愿望	沺野诚一	沺野诚一	岭月	台英
魔罐与魔球	芭芭拉·哈柏纳	杜桑·凯利	胡芳芳	格林
石匠塔沙古	Gerald McDermott	Gerald McDermott	郑荣珍	上谊
小巫婆的大脚丫	Ingrid & Dieter Schubert	Ingrid & Dieter Schubert	曾蕙兰	台英
巫婆与黑猫	Valeria Thomas	Valeria Thomas	余治莹	三之三
巫婆奶奶	Tomie de Paola	Tomie de Paola	张剑鸣	上谊
巫婆啊巫婆——请来参加我的宴会	Arden Druce	Pat Ludlow	刘恩惠	鹿桥
小巫婆过生日	Vitgeverij Clavis, Hasselt	Vitgeverij Clavis, Hasselt	李宜瑗	亲亲
神奇变身水	Jack Kent	Jack Kent	何奕达	上谊
驴小弟变石头	William Steig	William Steig	张剑鸣	上谊
奇奇骨	William Steig	William Steig	刘梅影	上谊
帽子	Tomi Ungerer	Tomi Ungerer	杨樱凤	上谊

变魔术	土屋富士夫	土屋富士夫	郑明进	信谊
午夜马戏团	Peter Collington	Peter Collington	杨茂秀	台英
莎丽要去演马戏	梅布丝	布赫兹	袁瑜	格林

8. 知识篇

书名	作者	画者	译者	出版社
小蓝和小黄	Leo Lionni	Leo Lionni	潘人木	台英
我的蓝气球	Mick Inkpen	Mick Inkpen	杨茂秀	台英
红气球	Iela Mari	Iela Mari		台英
七只瞎老鼠	Ed Young	Ed Young	马景贤	远流
变色鸟	赵文仪	矢崎芳则		信谊
阿兰和彩线	郑惠英	吕游铭		信谊
颜色是怎么来的?	Arnold Lobel	Arnold Lobel	编辑部	汉声
小鸡换声音	佐藤和贵子	二英五郎	岭月	台英
好忙的蜘蛛	Eric Carle	Eric Carle	邓美玲	上谊
嘘	谢武彰	林传宗		信谊
音乐小精灵	赵云	洪义男		信谊
彼得和野狼	普罗高菲夫	Josef Palecek	高明美	台英
大家来听音乐会	Lloyd Moss	Marjorie Priceman	张莹莹	麦克
123 数数儿——宝宝的第一本数数儿翻翻书	Sian Tucker	Sian Tucker	高明美	上谊
棒棒天使	杨月秀	赵国宗		信谊
数数看	安野光雅	安野光雅	黄郁文	台英
十个人快乐地搬家	安野光雅	安野光雅	郑明进	上谊
奇妙的种子	安野光雅	安野光雅	郑明进	上谊
壶中的故事	安野光雅	安野光雅	吴家怡	上谊
宝宝的第一本动物图画书	Rodger Priddy	Jonathan Heale	李紫蓉	上谊
蛋	Robert Burton		李爱卿	上谊

我是这样长大的	Angela Reyston	Rowan Clifford	李紫蓉	上谊
鸟儿的家	何华仁	何华仁		台英
猜猜看这是谁的手和脚？				台英
地底下的动物	大野正男	松冈达英	黄郁文	台英
豆子	平山和子	平山和子	编辑部	汉声
工具	加古里子	加古里子	编辑部	汉声
进入科学世界的图画书				上谊
我的大书——交通工具		Jonathan Heale	郭景宗	上谊
自然珍藏系列图鉴				猫头鹰
大教堂	David Macaulay	David Macaulay	郑国政	上谊
鹿桥真善美世界				鹿桥
新世纪自然百科全书				猫头鹰
汉声小百科				汉声
汉声小小百科				汉声
中华儿童百科全书				台湾书店
小小自然图书馆				锦绣
幼儿迷你字典	Claire Henley	Claire Henley		上谊
相反词图画字典	Claire Henley	Claire Henley		上谊
金老爷买钟	Pat Hutchins	Pat Hutchins	陈木城	台英
慌张先生	赖马	赖马		信谊
黑与白	David Macaulay	DavidMacaulay	孙晴峰	上谊
认识自己的身体——我的第一本人体图画书	Melannie & Chris Rice	Ellis Nadler	李爱卿	上谊
骨头	崛内诚一	崛内诚一	编辑部	汉声
血的故事	崛内诚一	崛内诚一	编辑部	汉声
脚丫子的故事	柳生弦一郎	柳生弦一郎	编辑部	汉声
我的小小急救手册	山田真	柳生弦一郎	编辑部	汉声

9. 品格篇

书名	作者	画者	译者	出版社
鲁拉鲁先生的草地	伊东宽	伊东宽		台英
花婆婆	Barbara Cooney	Barbara Cooney	方素珍	三之三
珍珠	Helme Heine	Helme Heine	关津	上谊
三个强盗	Tomi Ungerer	Tomi Ungerer	张剑鸣	上谊
这是我的	Leo Lionni	Leo Lionni	孙丽芸	上谊
辛爷爷的怪兽	Tomi Ungerer	Tomi Ungerer	张剑鸣	上谊
好朋友一起走	刘宗铭	刘宗铭		信谊
十四只老鼠吃早餐	岩村和朗	岩村和朗	岭月	汉声
十四只老鼠洗衣服	岩村和朗	岩村和朗	岭月	汉声
武士与龙	Tomie de Paola	Tomie de Paola	柯倩华	鹿桥
小黑鱼	Leo Lionni	Leo Lionni	张剑鸣	上谊
小宝宝	吕蔼玲	董大山		信谊
我会把你医好的	Janosch	Janosch	武玉芬、蓝露黛	上谊
钱宁强鼻子长	克鲁兹·路易斯	艾得哥维奇	郝广才	格林
我希望我也生病	Franz Brandenberg	Aliki	编辑部	汉声
下雨天接爸爸	征矢清	长新太	汪仲	精湛
雨小孩	Laura Krauss Melmed	Jim LaMarche	方素珍	三之三
第一次上街买东西	筒井赖子	林明子	编辑部	汉声
阿伦王子历险记	柏尼包斯	Hans de Beer	刘守仪	格林
谁要我帮忙?	Joe Lasker	Joe Lasker	编辑部	汉声
祖母的妙法	Margarete Kubelka	Hans Poppel	编辑部	汉声
一个奇特的蛋	Leo Lionni	Leo Lionni	张剑鸣	台英
威威找记忆	Mem Fox	Julie Vivas	柯倩华	三之三
天空在脚下	Emily Arnold McCully	Emily Arnold McCully	孙晴峰	格林

野马之歌	Paul Golde	Paul Golde	张玉颖	远流
迟到大王	John Burmingham	John Burmingham	党英台	上谊
种金子	林文玲	张振松		信谊
威廉的洋娃娃	Charlotte Zolotow	William Pene Du Bois	杨清芳	远流
吉吉和磨磨	黎芳玲	龚云鹏		信谊
阿文的小毯子	Kevin Henkes	Kevin Henkes	方素珍	三之三
巫婆与黑猫	Valeria Thomas	Valeria Thomas	余治莹	三之三
让路给小鸭子	Robert McCloskey	Robert McCloskey	毕璞	"国"语日报
爱蜜莉	Michael Bedard	Barbara Cooney	潘人木	台英
怎样做才对	五味太郎	五味太郎	编辑部	汉声
礼貌	Aliki	Aliki	编辑部	台英
胆大小老鼠，胆小大巨人	安格富修柏	安格富修柏	梁景峰	格林
一个黑暗的故事	Ruth Brown	Ruth Brown	刘恩惠	鹿桥
床底下的怪物	James Stevenson	James Stevenson	何奕佳	上谊
我要来抓你啦！	Tony Ross	Tony Ross	郝广才	格林
国王的新衣	H.C. Anderson	Nadine Bernard Uescott	蒋家语	上谊
蓝弟和口琴	Robert McCloskey	Robert McCloskey	张剑鸣	"国"语日报
光脚丫先生	Quentin Blake	Quentin Blake	洪妤静	格林
约瑟的彩衣				

10. 特殊话题篇

书名	作者	画者	译者	出版社
宝宝——我是怎么来的?	玛丽安娜 & 里斯		沙子芳	台英
妈妈生了一个蛋	Babette Cole	Babette Cole	王元容	亲亲
我是怎么来的?	Malcolm &Meryl Doney	Nick Butterworth & Mick Inkpen	丘丘	宗教教育中心

忙碌的宝宝				翰辉
蜘蛛先生要搬家	汪敏兰	赵国宗		信谊
十四只老鼠大搬家	岩村和朗	岩村和朗	岭月	汉声
搬到另一个国家	林芬名	林芬名		信谊
我们是好朋友	Aliki	Aliki	编辑部	汉声
小阿力的大学校	Laurence Anholt	Catherine Anholt	郭玉芬、万砡君	上谊
比利得到三颗星	Pat Hutchins	Pat Hutchins	高明美	台英
不爱上学的皮皮	浏上昭广	浏上昭广	文婉	台英
我撒了一个谎	Marjorie Weinman Sharmat	David McPhail	编辑部	汉声
约翰闯了祸	Tim Stafford	Julie Park	谭淑芳	宗教教育中心
野兽国	Maurice Sendak	Maurice Sendak	编辑部	汉声
妈妈爸爸不住一起了	Kathy Stinson	Nancy Lou Reynold	林真美	远流
妈妈的红沙发	Vera B. Williams	Vera B. Williams	柯倩华	三之三
逃家小兔	Margaret Wise Brown	Clement Hurd	黄迺毓	上谊
猜猜我有多爱你	Sam McBratney	Anita Jeram	陈淑慧	上谊
你睡不着吗?	Martin Waddell	Barbara Firth	潘人木	上谊
小猫头鹰	Martin Waddell	Patrick Benson	林良	上谊
爸爸，你爱我吗?	Stephen Michael King	Stephen Michael King	余治莹	三之三
阿吉的眼镜	Holly Keller	Holly Keller	编辑部	汉声
祝你生日快乐	方素珍	仉桂芳		“国”语日报
箭靶小牛	王淑均、张允雄	张哲铭		罗慧夫颅颜基金会
我的妹妹听不见	Jeanne Whiteheuse	Peter/Deborah Kogan	陈质采	远流
野兽与男孩	Massimo Mostacchi	Massimo Mostacchi	刘恩惠	鹿桥

大怪龙阿烈	张振明	张振松		信谊
威廉的洋娃娃	Charlotte Zolotow	William Pene Du Bois	杨清芳	远流
再见，斑斑！	Holly Keller	Holly Keller	编辑部	汉声
獾的礼物	Susan Varley	Susan Varley	林真美	远流
活了一百万次的猫	佐野洋子	佐野洋子	张伯翔	上谊
精彩过一生	Babette Cole	Babette Cole	黄迺毓	三之三
生命之歌	布莱安·马隆尼	Robert Ingpen	林海音	格林
健康检查	七尾纯	福田岩绪	岭月	台英
我为什么要上医院?				
安安——和白血病作战的男孩	Elisabeth Reuter	Elisabeth Reuter	编辑部	汉声
我希望我也生病	Franz Brandenberg	Aliki	编辑部	汉声
爷爷石	Joel Strangis	Ruth Recht Gamper	张剑鸣	台英
汤姆爷爷	Stepan Zavrel	Stepan Zavrel	施素卿	上谊
爱织毛线的尼克先生	Margaret Wild	Dee Huxley	柯倩华	上谊
跟着爷爷看	Patricia MacLachlan	Deberah Ray	杨佩瑜	远流
先左脚再右脚	Tomie de Paola	Tomie de Paola	编辑部	汉声
楼上的外婆和楼下的外婆	Tomie de Paola	Tomie de Paola	孙晴峰	麦克
为什么?	Nikolai Popov	Nikolai Popov		鹿桥
六个男人	David Mackee	David Mackee	林真美	远流
亲爱的小莉	Maurice Sendak	Maurice Sendak	郝广才	格林
和平在人间	凯瑟琳·舒勒丝	Robert Ingpen	薇薇夫人	格林
铁丝网上的小花	英诺桑提	英诺桑提	林海音	格林
请不要忘记那些孩子	Chana Byers Abells	Chana Byers Abells	林真美	远流

图书在版编目（CIP）数据

童书是童书：给孩子最美的童年阅读/黄迺毓著. —北京：社会科学文献出版社，2015.8
ISBN 978-7-5097-7695-7

Ⅰ.①童… Ⅱ.①黄… Ⅲ.①儿童-读书方法 Ⅳ.①G792

中国版本图书馆 CIP 数据核字（2015）第 141704 号

童书是童书
——给孩子最美的童年阅读

著　　者／黄迺毓

出 版 人／谢寿光
项目统筹／顾婷婷
责任编辑／崔晶晶

出　　版／社会科学文献出版社·电子音像出版社（010）59367105
地址：北京市北三环中路甲 29 号院华龙大厦　邮编：100029
网址：www.ssap.com.cn
发　　行／市场营销中心（010）59367081　59367090
读者服务中心（010）59367028
印　　装／三河市尚艺印装有限公司

规　　格／开　本：787mm×1092mm　1/16
印　张：17.5　字　数：128 千字
版　　次／2015 年 8 月第 1 版　2015 年 8 月第 1 次印刷
书　　号／ISBN 978-7-5097-7695-7
著作权合同登记号／图字 01-2015-2882 号
定　　价／35.00 元